C000220224

À genoux derrière ses paupières

Jonathan Baeveghems

Je voudrais remercier ma famille, en particulier mon père et mon frère qui, depuis des années, ont toujours été présents pour m'aider à surmonter la maladie et les problèmes qu'elle engendre.

Préface

Tout d'abord, j'adresse un message aux professeurs : si un élève montre des problèmes d'attention ou d'incapacité à se tenir éveiller – cette liste n'est pas exhaustive –, je leur conseille de lui tendre la main et d'être à son écoute. Je les invite expressément à utiliser ces particularités peu communes, non pas pour l'écraser, mais pour l'encourager à consulter un spécialiste. Peut-être cet enfant n'y peut-il rien ? Peut-être est-il malade ? Peut-être lui suffirait-il d'un simple avis pour chercher la voie de soins appropriés ?

Je veux aussi dévoiler les contraintes administratives, l'injustice et la contradiction des lois belges. Aujourd'hui, la narcolepsie[1] n'est toujours pas reconnue comme une pathologie ou un handicap. Il est donc difficile pour beaucoup de malades d'être reconnus comme personne handicapée. Pour certains de ces décideurs qui nient l'évidence, il est peut-être possible d'écouter, d'étudier ou de travailler durant leur sommeil ? Moi, j'en doute fort.

Un problème parmi d'autres : il nous est interdit de conduire un véhicule. En effet, les narcoleptiques doivent obligatoirement prouver un minimum de deux ans, parfois même plus de 5 ans de traitement efficace avant d'obtenir l'autorisation de rouler en voiture. Cependant, il n'existe aucune preuve statistique que ces malades aient provoqué plus d'accidents que d'autres conducteurs autorisés.

1 La narcolepsie ou *maladie de Gélineau* est une affection neurologique grave. Deux symptômes principaux caractérisent cette maladie auto-immune : l'envie de dormir et la cataplexie. Le principal symptôme est la présence quotidienne d'épisodes irrépressibles de sommeil. La cataplexie se manifeste dans 3 cas sur 4 environ. La structure du sommeil est toujours perturbée. Quand une personne souffre de narcolepsie, elle passe directement de l'état d'éveil au sommeil paradoxal, sans étape intermédiaire. D'autres symptômes secondaires peuvent se manifester, comme des hallucinations hypnagogiques ou hypnopompiques, des paralysies du sommeil, des actes automatiques. Elle fait partie des dyssomnies, ou troubles du sommeil. La narcolepsie peut être diagnostiquée par un EEG. (Source Wikipédia)

Je dénonce cet aspect discriminatoire. Il est déjà compliqué de trouver un emploi – avec ou sans maladie – alors, y ajouter la suppression du permis de conduire donne à cette démarche un caractère presque impossible. À de nombreuses reprises, j'ai raté mon arrêt en bus à cause de mes endormissements. Maintenant, imaginez ma peur chaque fois que je prends le train ! Sans compter les pertes de tonus musculaire durant la journée. Á moins que le patron ne soit lui-même narcoleptique, comment trouver du boulot sans aide extérieure ?

En résumé, non seulement le droit de conduire nous est retiré sans justification concrète et véridique, mais en contrepartie, nous ne recevons absolument rien. Nous devons vivre la vie d'une personne sans handicap.

J'ai écrit ce livre pour ouvrir les yeux de certaines personnes. Elles comprendront – je l'espère – que Jonathan Baeveghems n'est pas forcément le paresseux qu'elles s'imaginaient ; qu'il ne s'endormait pas forcément pour « faire son intéressant », parce qu'il avait passé une nuit blanche ou parce que le cours ne l'intéressait pas.

Les préjugés, complètements incongrus sur le narcoleptique sont considérables, et s'il ne le montre pas toujours, les rires, les insultes et les critiques le blessent au plus profond de son âme. Enfin, même si le narcoleptique capitule sous ses symptômes, sachez qu'il a mené une lutte interminable pour retarder au maximum cet instant.

Une lutte interminable… contre ses paupières !

Vacances

Je m'appelle Jonathan Baeveghems, j'ai 18 ans. Nous sommes mi-juin, les grandes vacances sont enfin là ! Je devrais m'en réjouir, mais ce n'est pas le cas. En effet, je vais affronter un moment délicat : l'épreuve redoutable du bulletin de notes :

— Ton bulletin... À ton avis, il sera bon ? interrogent mes parents, visiblement inquiets.

Je réponds de manière évasive :

— Difficile de répondre... Faut attendre... Je préfère ne rien dire pour l'instant...

— Tu n'as tout de même pas tout raté ? insiste ma mère.

Irrité, je hausse le ton :

— Non ! Mais arrête, maman ! C'est bon, ne t'inquiètes pas, on le saura assez vite, non ? Laisse-moi respirer un peu ! Là, je suis incapable de te répondre. Pour le moment, je n'en sais rien !

— Il n'est jamais possible de discuter avec toi, Jon, intervient mon père. C'est toujours la même chose ! Dès qu'il est question de notes, tu te renfermes... Plus moyen d'échanger un mot.

Je ne peux évidemment pas leur avouer la vérité, leur lancer brutalement que je n'ai aucune chance d'avoir réussi mon année. Je sais, moi, que j'ai tout raté. Je ne me trompe pas, j'ai lamentablement tout raté. En fait, j'ai été incapable de tenir le rythme, de travailler tout simplement : je me suis régulièrement endormi sur mes devoirs ou sur mes livres. En fin de journée, par exemple, alors que j'étais en train d'étudier, tout à coup, un besoin irrépressible de sommeil me terrassait. Impossible de résister ! Et ce phénomène se répétait quasiment tous les jours. Je pouvais être en pleine forme à un moment donné, puis totalement vidé quelques instants plus tard, au moment de m'atteler à mes devoirs. Il est même arrivé que je m'endorme après avoir lu à peine quelques lignes. Au mieux, pouvais-je venir à bout de quelques pages survolées.

Mes tentatives de révision sont des échecs. Je m'efforce de me concentrer sur mon travail, mais je ne produis rien. Rien ! La page devant moi reste blanche ; parfois, je griffonne des phrases incompréhensibles, quelquefois même, je la couvre de dessins du niveau d'un enfant de 4 ans. Tout aussi étrange et ravageur, alors que je suis par exemple en train de recopier des notes prises au cours, les feuilles posées consciencieusement devant moi sont coupées en leur milieu d'un trait horizontal.

Des phrases privées de sens, des traits qui coupent en deux une feuille blanche, voilà au mieux ce que je parviens à réaliser quand je révise ! Pourtant, toutes ces aberrations, je dois les garder pour moi. Je ne peux parler à mes parents de cet état de fatigue qui me terrasse et m'empêche de travailler. Ils ne comprendraient pas, ils se poseraient trop de questions et tous les soirs, le ton monterait. Attendons le bulletin. Ensuite, advienne que pourra...

Pour l'instant, je dois faire le vide et oublier ce qui se passera à notre retour de vacances. J'ai devant moi deux semaines de vacances sous le soleil de la Crête. Je m'éloigne pour préparer mes valises. Dans quelques heures, nous nous envolerons pour la Grèce. Je n'en mène pas large. En réalité, je suis assez nerveux, car c'est la première fois que je prends l'avion. Une chose me rassure : je serai assis près de mon grand frère. À vrai dire, il n'est guère plus rassuré que moi car, pour lui aussi, c'est une première. Mais bon… Nous allons nous serrer les coudes tous les deux, aucune raison d'avoir peur. Je me couche dès 21 heures pour être à pied d'œuvre au petit matin. Pas question de rater l'embarquement !

Nous sommes à bord d'un Boeing 747. Avec de grands gestes, l'hôtesse nous présente les consignes de sécurité. Je ne suis pas à mon aise, j'imagine déjà le pire : l'avion qui perd de l'altitude, les masques à oxygène libérés de leurs caches… Oui, ça commence plutôt mal, d'autant plus que je suis assis à côté du hublot qui donne sur le moteur de gauche. Je ne rate rien de l'orage accompagné de pluies torrentielles qui éclate alors que nous décollons. Mon frère me chahute un peu, s'efforce de me détendre. Il fait de son mieux pour que cette grande première devienne un moment agréable.

Mon frère avait raison, nous atterrissons en douceur. Tout va bien et c'est décidé : je ne vais pas me laisser pourrir les vacances à l'idée de ce bulletin qui nous attend à notre retour !

La Crête est à nous ! Tout est permis. Nous allons en profiter, nous amuser comme bon nous semble, courir les discothèques et écumer les bars qui longent le rivage. À nous les nuits folles, à nous les petites femmes qui peuplent bars et discothèques. On se fait des copains, c'est du bonheur, du pur bonheur.

Mes parents râlent un peu. C'est normal, ils auraient préféré que nous dormions la nuit pour être à en forme le matin et prendre part à leurs activités. Nous les laissons ronchonner pour vivre à notre rythme et à notre gré : levers tardifs aux alentours de midi, repas, puis farniente au bord de la piscine ou vautrés sur de confortables matelas flottant sur l'eau.

Le temps passe malheureusement vite et nous approchons de la fin de notre deuxième semaine de vacances.

Mais que m'arrive-t-il, cet après-midi-là ? Après une nuit interminable passée de bars en discothèques, je me repose sur un transat à côté de la piscine, en compagnie de mon frère et de Pierre, un copain rencontré là-bas. Je suis plongé dans un profond sommeil. Après une bonne trentaine de minutes, je m'éveille et ouvre les yeux. J'éprouve alors une étrange sensation : j'ai l'impression de ne plus pouvoir bouger.

« Mais ce n'est pas une impression… Je ne peux vraiment plus bouger ! Qu'est ce qui m'arrive ? Je suis sûrement en train de rêver ! Pourtant, j'ai le sentiment d'entendre discuter Michaël et Pierre. »

Je comprends même ce qu'ils disent :

— On peut dire qu'il dort bien, celui-là !

Pourtant, je suis incapable de réagir, je reste allongé, inerte. Histoire de plaisanter, Michaël se lève, s'approche et me glisse un doigt dans l'oreille, dans le nez, dans la bouche… Ils rient. Moi, ça m'insupporte. J'ai envie de lui crier d'arrêter, de lui hurler que moi, ça ne m'amuse pas du tout. Hélas ! je ne produis aucun son, n'esquisse aucun geste. Lassé, Michaël se résout à me laisser dormir.

Á ce moment, mon corps se débloque et j'explose de colère. Michaël me regarde, médusé :

— Y'a pas de quoi hurler comme ça ! C'était juste pour rigoler !

Je bous, les mots se bouleversent :

— Mais je ne dormais pas ! Je suis bloqué depuis quinze minutes. Je vous entendais parler, j'essayais d'ouvrir les yeux, mais je n'y arrivais pas. Impossible de bouger !

Il me regarde, perplexe. Mon frère ne croit pas un mot de ce que je raconte. J'entreprends alors de lui raconter ce qui s'est passé pendant ces quinze minutes, ses échanges avec Pierre, son doigt qui a parcouru mon visage.

Tout ce que je rapporte est conforme à ce qui s'est passé. Michaël commence à s'interroger, mais il reste cependant sceptique. À ce moment, mon père arrive. Nous tentons de relater les derniers événements. Il banalise les faits et passe à un autre sujet. Nous en restons là et j'en arrive à douter de la réalité de l'incident. Oui, j'en arrive à ramener cette expérience douloureuse, lourde de sens et d'angoisse, à un banal incident. Les vacances se terminent sans autre alerte.

Nous sommes de retour à la maison. Goguenard, je me plante devant un miroir du salon :

— Qu'est-ce que tu en penses, Michaël ? Je parle de mon teint cacao. Moi, je trouve que ça me va plutôt bien !

Je déballe le contenu de ma valise, puis enfourche ma mobylette pour une promenade au village. Soudain, je repense à mon bulletin. Je l'avais presque oublié, celui-là. D'ailleurs, personne n'a abordé le sujet durant les vacances Arrivé sur la place, je croise mon frère au volant de sa voiture. Quelque chose ne va pas, ça se lit sur son visage. Il s'arrête quelques mètres plus loin et klaxonne. Comme j'arrive à sa hauteur, il baisse son carreau et me fixe sans joie. Je sais de quoi il va me parler, je redoute ce qui va suivre :

— Ton titulaire a tenté plusieurs fois de téléphoner à maman, il a laissé des messages. Tu sais pourquoi ?

— Mon bulletin…

— Oui, il est catastrophique. Tu redoubles.

Je ne suis pas surpris. Par contre, je me demande comment je vais pouvoir franchir la porte de la maison et affronter mes parents. J'imagine le pire, je me demande comment ils vont réagir, je les entends déjà me dire :

— Qu'est-ce qu'on va faire de toi ? Quelle école voudrait de toi avec un bulletin aussi nul ?

Les jours qui suivent sont lourds de griefs, de reproches. Nous ne parlons que de ma médiocrité, de mon avenir incertain.

— Si tu avais passé moins de temps à dormir… Ça s'appelle de la paresse, Jonathan. Tu as tout gâché… Tu as le potentiel, tu as les capacités, mais non ! Tu préfères dormir.

Michaël s'interroge tout autant. Il a peur pour mon futur, lui aussi. Il me presse de questions, il veut savoir ce que les professeurs m'ont dit tout au long de l'année. Il en vient même à m'en vouloir :

— Mais qu'est-ce que tu vas devenir ? Qu'est-ce qui t'a pris ? Comment comptes-tu t'en sortir ?

Je tente d'affronter cet assaut d'interrogations et de peurs. J'essaie de leur montrer que je comprends leur colère et leur désarroi, mais que je n'ai pas de réponse à leur apporter. Je réponds inlassablement aux questions mille fois posées :

— Message reçu, ne vous inquiétez pas. Promis, je me reprends cette année. Pas de souci !

Initialement, nous avions choisi de m'inscrire en sciences dans une école de Mons, mais mes notes sont telles que ce projet n'a plus aucune chance d'aboutir. Mes parents n'y croient plus, moi-même je doute de pouvoir redresser la barre. Je dois changer mon fusil d'épaule, trouver une autre voie. Quelques jours plus tard, quelques interminables sermons plus tard, alors que nous sortons d'un rendez-vous avec un directeur d'école, nous passons, mon père et moi, devant Saint Vincent, une école d'animation.

— L'animation, ça te plairait ?

Je bredouille sur un ton évasif :

— Ben… Je ne sais pas vraiment en quoi ça consiste.

— Moi non plus, mais on va se renseigner. Je ne sais pas pourquoi, mais je me dis que ça pourrait te plaire.

Je n'ai d'autre choix que d'accepter. De plus, je dois le dire, je suis curieux d'en apprendre plus. Nous franchissons le seuil et sommes reçus par la directrice. Elle prend le temps de nous expliquer en quoi consiste cette matière, elle a même l'impression que cet enseignement me conviendrait.

Quelques minutes plus tard, je suis inscrit en animation-sport. Nous quittons les lieux rassérénés. Mon père est content d'avoir trouvé une école qui, à première vue, va me plaire ; moi, je me réjouis à l'idée de faire de nouvelles rencontres et d'entamer de nouvelles études. Oui, ça devrait me convenir…

Un mois de septembre particulier

Rentrée des classes 2007-2008 : quatrième année en technique de qualification.

L'ambiance est agréable et les copains, sympas. Les professeurs sont mieux que ceux rencontrés jusqu'ici. Je les trouve plus proches et plus à l'écoute des élèves. Oui, l'année scolaire démarre plutôt bien. Je suis motivé, déterminé à me battre. Je veux réussir ma vie. On me le répète assez : Saint Vincent représente ma dernière chance. Si j'agis conformément aux attentes familiales, je peux m'en sortir avec un bon diplôme. Aucun doute, je dois réussir.

Je me mets donc au travail avec sérieux, même si je ne sais pas du tout en quoi consiste réellement l'animation. J'ai seulement appris que la formation me permettrait d'animer, soit des groupes de personnes âgées, soit des groupes d'enfants. Ce futur job me conviendra, je vais y arriver.

22h00.

Un soir de septembre, un soir banal. Je suis devant mon PC quand, les uns après les autres, mes parents et mon frère passent dans le bureau pour me souhaiter la bonne nuit et me conseiller de ne pas tarder à me coucher. Tout le monde dort, je quitte mon jeu et éteins mon ordinateur. Je passe à la cuisine glaner du chocolat ou des biscuits, et me remplir un verre d'eau. J'emporte toujours quelque chose à grignoter dans ma chambre. C'est devenu une habitude et même une nécessité. Je m'accorde encore quelques minutes pour lire une petite BD avant d'éteindre et m'endormir. Je clôture ainsi chaque journée, je me coupe du quotidien et de ses problèmes, je fuis l'anxiété accumulée heure après heure.

22h30.

L'envie de dormir me gagne. Je dépose mon livre par terre, à côté du lit, j'éteins la lumière et me tourne vers le mur. Derrière moi, tapis dans le silence lugubre de la pièce, mon bureau, mon armoire et tout ce qui encombre banalement la chambre d'un étudiant de 18 ans.

À cet instant, une intuition étrange me transperce le corps. Quelque chose d'inhabituel va arriver. Quelque chose de terrible. Je le sais, je le sens. Me sauver, je dois me sauver ! Mais je n'y arrive pas. Mon corps ne répond plus. Plus rien ne bouge en moi ; mes mains gisent, inertes. Je tente de replier un orteil. Rien ne se passe. Je m'efforce de fermer les yeux, je n'y arrive pas. Il fait noir, l'angoisse me transperce et se loge jusqu'au plus profond de moi. Je suis pétrifié par la terreur. Je suis plongé dans le plus sombre des cauchemars de mon enfance. Ce que j'avais tant redouté est en train de se produire. Je ne suis plus seul dans ma chambre. Quelqu'un ou quelque chose respire à mes côtés, je sens sa présence. Il ne s'agit pas de mon frère, je le saurais. Il ne s'agit pas non plus de mes parents ou d'un être familier.

Près de mon bureau, derrière moi, dans mon dos, un bruit...

Je distingue un pas, un pas lent et très lourd qui traverse ma chambre et se dirige vers mon lit. Il heurte mon bureau qui tremble sous le poids. J'entends également tinter mes médailles au rythme pesant de cette marche massive. J'entends un souffle, une respiration indescriptible empruntée au plus abject des films d'horreur. Ce souffle bruyant s'approche, menaçant. Je l'entends irrésistiblement arriver à ma hauteur. Une panique effroyable m'envahit lorsque je le sens glisser sur ma joue. Je suis incapable de bouger. J'essaie de crier de toutes mes forces pour prévenir mon frère ou mes parents qui dorment à côté. Hélas ! ma gorge, ma bouche n'émettent aucun son. Je ne peux toujours pas bouger. Je tente pourtant encore d'appeler à l'aide, de casser les chaînes invisibles qui m'entourent et qui m'empêchent de réagir.

« C'est quoi, cette chose qui respire comme ça ? Qu'est-ce que ce souffle infiniment horrible, terriblement bestial ? »

J'entends mon frère de l'autre côté du mur. Il vient de laisser tomber un objet. Il est réveillé, il va m'entendre. Je force ma voix pour l'alerter, mais en vain. En effet, les sons qui sortent de ma bouche sont à peine audibles. Pourtant, au fur et à mesure que se rapprochent les pas, je parviens à enfler la voix, même si je suis encore incapable de crier ou de prononcer des mots à voix haute. J'arrive tout à coup à effectuer de minuscules gestes brefs des bras et de la tête. Je désespère de pouvoir être entendu par mon frère ou mes parents, je désespère de pouvoir bouger, de me lever pour fuir. Tout me semble si long ! Cette épreuve dure une éternité, je pleure d'être à la merci de cette « chose » qui s'apprête à me sauter dessus. À cet instant, la voix de mon frère résonne à travers la cloison :

— Ça va ? C'est quoi ce raffut dans ta chambre ?

Il a entendu ! Cela m'encourage à redoubler d'efforts pour crier. Il comprend qu'il se passe quelque chose d'anormal et il commence à paniquer. Le monstre se tient à mes côtés, haletant. Je tressaille, pétri de terreur. J'entends mon frère se lever, ouvrir la porte de sa chambre et parcourir le couloir jusqu'à ma porte. Son ombre se dessine sur le sol de ma chambre. L'oreille collée à la porte, il écoute ce qui se passe. C'est grave, Michaël l'a compris. La porte s'ouvre avec fracas et là, les chaînes qui me liaient et que je croyais indestructibles, éclatent enfin. Effaré, les yeux fous, je cherche du regard la « chose » que j'ai entendue et sentie.

23h00.

Rien, personne… Juste Michaël qui me dévisage, troublé, puis inquiet devant mon état de panique. Je le fixe, effrayé.

— Ça va, Jon ?

— …

— À quoi tu joues ? Tu commences à me faire peur.

Je lève les yeux vers Michael et demande, la voix altérée :

— Tu ne l'as pas vu ?

Il parcourt la pièce du regard et me demande, perplexe :

— Qu'aurais-je dû voir ?

Ma voix tremble :

— Je ne sais pas… J'ai entendu… J'ai entendu une espèce de gros monstre dans mon dos.

Quelques secondes d'un épais silence, puis je tente maladroitement de lui raconter l'horreur des derniers événements. Je lâche quelques mots épars ; impossible à ce moment de lui partager mon vécu.

Démuni, Michaël s'efforce de me calmer, d'éloigner de moi la terreur qui m'a submergé.

— Un sale cauchemar ! Essaie de dormir et, promis, on en reparle demain. N'oublie pas, je suis de l'autre côté du mur. Si tu as besoin de moi, je suis là, ok ?

Ses mots se suivent, apaisants. Il n'arrive pourtant pas à me ramener au calme. À peine a-t-il quitté ma chambre que la peur me saisit à nouveau.

« Si la « chose » profitait du départ de Michaël pour revenir me torturer ? »

Heureusement, l'épuisement a raison de mes frayeurs. Fourbu et brisé, je m'écroule jusqu'au lendemain matin.

Moments dits « passagers ».

— Il faut qu'on parle. Qu'est-ce qui t'est arrivé, cette nuit ? Je n'ai rien compris.

Je n'ai donc pas rêvé car ce matin, Michaël me demande de me souvenir de la chose effroyable qui s'est passée pendant la nuit. Il me presse de questions. Je lui raconte tout : la paralysie, le bruit des pas, le souffle monstrueux et la terreur qui m'a saisi.

— Ça me rappelle ce qui t'est arrivé en Grèce. Tu dois en parler aux parents et voir un médecin, poursuit mon frère, visiblement inquiet.

Mais mes parents ne l'entendent pas de cette oreille :

— Tu traverses une mauvaise passe. Ce sont des cauchemars. Allez, dépêche-toi d'oublier tout ça ! Et surtout, arrête de jouer sur ton ordinateur. Combien de fois on te l'a dit ? Toute cette violence vous rend fous, vous, les jeunes !

Et de surenchérir :

— Pas étonnant que tu ne dormes pas et que tu perdes les pédales ! Ça vous brouille la tête et ça vous met dans de drôles d'état…

Ils sont convaincus que les jeux sont responsables de mon mal-être et de mes angoisses. Le pire, c'est qu'ils sont de bonne foi : ils l'ont si souvent entendu dire. Ils m'encouragent et me rassurent :

— Fais un effort, sois raisonnable… Arrête tes jeux et tout rentrera dans l'ordre… Allez, remets-toi, ça va passer !

Moi, je sais très bien que ma souffrance et mes terreurs nocturnes n'ont rien à voir avec les heures passées devant le petit écran. Je cherche à le leur dire, mais ils ne peuvent m'entendre. Cela dit, je renoncerais volontiers au PC si cela pouvait faire

cesser l'épouvante, si cela pouvait chasser le monstre qui me terrasse chaque nuit. J'en arrive à me dire et à croire que j'affabule.
« Tout ça n'existe pas, il ne se passe rien ! Il suffit que je n'y pense plus et ça va se terminer », me dis-je.

Mais j'ai beau essayer de me convaincre, rien n'y fait. Plus je m'astreins à le mépriser et l'ignorer, plus le monstre s'impose, bestial et indomptable. La « chose » revient, je n'arrive plus à dormir paisiblement. Je redoute même le moment d'aller me coucher. Je sais que la paralysie va me vaincre et je me mets à redouter cette prochaine nuit... celle où la « chose » aura raison de moi et m'enfermera à jamais dans le silence et l'immobilité.

Au fil du temps, enfle aussi la sensation physique de sentir à mes côtés la présence maléfique de la « chose ». Je me réveille dégoulinant de sueur, blanc de peur. Puis, désarçonné quand mon frère apparaît dans ma chambre, je constate que la « chose » a disparu. Il n'y a plus à mes côtés qu'un bureau totalement inoffensif.

Les nerfs de Michaël sont mis à dure épreuve. Lui non plus, n'arrive plus à dormir tranquillement. Chaque nuit, il guette les sons venus de ma chambre. Je l'imagine, attentif, le regard rivé sur le mur qui nous sépare. À la moindre alerte, il se précipite à mon chevet, anxieux. Désormais, il n'a plus de doute, il me croit dur comme fer :

— Tu ne peux pas rester comme ça. Il y a forcément une solution !

Mes parents, quant à eux, s'obstinent à penser qu'il s'agit de cauchemars. Je les comprends, car malgré tous mes efforts pour les éclairer sur mes terreurs nocturnes, je n'arrive pas à donner un sens à mes propos. Comment pourrais-je les convaincre, alors que je suis moi-même incapable de donner consistance à la réalité de mes nuits ? Je suis incapable de décrire la « chose » qui envahit mon corps et mon esprit quand ma chambre est plongée dans le noir et que je suis allongé face au mur. Comment être crédible quand je leur dis que l'arrivée de Michael met fin au supplice et qu'alors, et seulement alors, je parviens à me perdre dans le sommeil ?
Inlassablement, mes parents répètent :

— Ce sont des cauchemars, Jon. Ça va passer.

Je voudrais tant qu'ils aient raison ! Alors, en état de veille, j'use de toute mon énergie pour me convaincre que ce sont effectivement de mauvais rêves.

« Ils ont raison, je raconte n'importe quoi. Personne ne peut entrer dans ma chambre sans ouvrir la porte ou la fenêtre. Je dois arrêter d'y penser ! Ça va passer tout seul. Je dois reprendre pied. »

Frontière brisée.

Je m'arrange pour retarder le moment du coucher. Tous les prétextes sont bons : une partie à terminer sur mon PC, un petit creux à combler, un petit besoin à satisfaire. La tension enfle entre mes parents et moi :

— Tu n'es pas encore couché ? Ce n'est pas sérieux, Jon ! Mais qu'est-ce que tu fabriques aussi tard dans la cuisine ? On aura tout vu : se faire réchauffer un bout de pizza à cette heure-ci ! Non, tu n'es vraiment pas raisonnable. Allez, dépêche-toi de monter te coucher. Pense à la tête que tu auras demain matin à l'école.

Mon père vient de me surprendre, il laisse une fois encore exploser sa colère. Je regagne ma chambre et me saisis d'une bande dessinée pour différer encore un peu le moment de m'endormir.

Enfin, l'épuisement l'emporte et je finis par capituler. J'éteins la lumière et m'allonge...

22h50.

Pas de répit : les idées les plus effrayantes envahissent ma tête. Des images terrifiantes les accompagnent. J'imagine qu'au moment précis où je vais m'endormir, une fenêtre va éclater en bas de l'escalier. Un animal monstrueux escaladera les marches, puis se précipitera dans ma chambre. Je me persuade de penser à autre chose et me tourne face au mur. Je replace mes coussins convenablement et m'enlace dans ma couverture, comme s'il s'agissait d'un cocon. Au moment où, enfin, je me crois dans les bras de Morphée, je sens mon corps se figer.

« Ça y est ! La « chose » est entrée dans ma chambre. À mon avis, elle est passée par la fenêtre. »

Je suis plaqué sur mon lit, incapable de bouger. Je parviens néanmoins à fixer la lueur qui traverse mon store et se reflète sur le mur. Je m'efforce de me rassurer en la fixant quand, tout à coup, je tressaille et succombe à une terreur indescriptible. Une ombre massive vient de recouvrir et d'absorber la maigre lueur. Au moment où disparait le rai de lumière auquel je m'accrochais, tout s'effondre : une « chose » terrifiante, un monstre me domine de toute sa hauteur. L'infime frontière qui séparait le réel de l'imaginaire et qui, jusque-là, résistait encore, se brise. L'ombre envahit tout. L'imaginaire s'engouffre dans le réel ; l'imaginaire devient réel. Je suis terrifié.

« Ils ont tous tort. Ils s'efforcent de me persuader que c'est l'effet de mon imagination. Ils m'exhortent à renouer avec le réel. Oui, ils ont tous tort ! »

23h15.

Michaël se rue dans ma chambre. Une fois encore, il a entendu mes cris et mes halètements. Pourtant, cette fois, il ne parvient pas à m'apaiser. Je n'arrive pas à prendre de la distance et à échapper à cette horrible expérience. J'ai la certitude que le pire m'attend et que d'ignobles confrontations me guettent. Impuissant, mon frère se résout à quitter ma chambre. Incapable de me rassurer, incapable de se rassurer, il tente néanmoins d'alléger l'atmosphère.

— Tu sais ce que je vais faire ? Je vais laisser la lumière allumée. T'inquiète pas, Jon, je veille. Je reviens au moindre bruit suspect.

Me voici redevenu enfant, couché dans une chambre enveloppée de lumière, protégé des monstruosités qui se campent derrière moi dès que j'ai le dos tourné. Je ne sais plus à qui en parler, je ne sais plus comment en parler. J'ai le sentiment que je ressens plus de mal que de bien lorsque je me confie. Les critiques ou conseils que me dispensent les uns et les autres m'enfoncent inexorablement un peu plus. Je crée une sorte de bulle autour de moi et je n'aborde plus le sujet que si l'on me pose les bonnes questions.

Ce matin encore, j'éprouve beaucoup de difficultés à sortir du lit. Je ne sais pas très bien comment je parviens à me lever jour après jour, mais j'y parviens. Et qui plus est, j'arrive très rarement en retard aux cours.

J'ai passé une nuit épouvantable. Du coup, j'enfourche péniblement ma mobylette pour parcourir les cinq kilomètres qui me conduisent à l'école. Stoppé à un carrefour, je sens ma jambe fléchir sous mon poids, je suis à bout de force. Néanmoins, je me reprends vaille que vaille et arrive enfin sain et sauf à l'école.

Je viens à peine de me garer, que j'entends la cloche. Je presse le pas et croise la sous-directrice qui me prévient qu'au prochain retard, elle mettra un mot dans mon journal de classe. Ouf ! Je m'en suis sorti pour cette fois. Je rentre dans la salle de cours et parviens tant bien que mal à maintenir ma vigilance. Je m'assoupis quelques brefs instants, me réveille, ferme à nouveau les yeux... À la pause, c'est encore pire... Je ne tiens plus !

Jérémy, un camarade de classe, s'approche de moi :

— Ça n'a pas l'air d'aller ! Depuis ce matin, tu as une tête à faire peur.

Je me laisse aller à lui confier en quelques mots mes expériences de la nuit précédente. Sur le coup, je me sens stupide de lui raconter mes terreurs, mais l'intérêt qu'il me témoigne me pousse à continuer. Il est intrigué et cherche à en apprendre davantage. Il me croit sur parole, me pose une foule de questions et, pas une seule fois, il ne me coupe dans mon récit. Il veut tout savoir de la « chose », de la panique que je vis, des sentiments qui me traversent...

La cloche qui signale la fin de la pause nous interrompt. Un peu plus tard, Jérémy aborde à nouveau le sujet, mais j'éprouve à présent des réticences. J'ai peur qu'il n'aille répéter ce que je viens de lui confier, que toute l'école soit au courant et se moque de moi, qu'elle me taxe de farfelu... ou pire encore.

Pourtant, Jérémy m'écoute et me comprend. Il sera le seul à me conseiller fermement de consulter un médecin et de faire contrôler mon sommeil. Les autres en sont toujours à me seriner qu'il suffirait de dormir plus, de n'y plus penser, de me dire que ça va passer...

À la recherche d'une proie.

Les jours et les semaines se succèdent. Mis à part Michaël, personne à mes côtés ne me soutient et n'aborde le problème de front. Je me sens très seul. À leur décharge, j'avoue avoir pris l'habitude de jouer la comédie. Je feins d'être heureux, je vis, je souris. Et quand on me demande comment je vais, je réponds avec aplomb :

— Ça va, pas de problème.

En fait, plus le temps passe, plus je me renferme sur moi-même. Parfois, quelqu'un s'amuse à railler mes états de somnolence, histoire d'amuser la galerie. Alors, je m'enfonce un peu plus. Je me sens de plus en plus coupable de rester muet quand on m'interroge, incapable de fournir quelque explication.

J'ai l'impression de toucher le fond du gouffre, de ne plus pouvoir descendre plus bas. Je m'illusionne, je tente alors de me convaincre qu'arrivé aussi bas, je ne peux que remonter. « C'est bien ce qu'on dit, non ? Eh bien, je me trompe lourdement. »

Je rentre à la maison en coup de vent et monte dans ma chambre afin de ne pas croiser mes parents. Je n'en peux plus de leur sollicitude. À chaque occasion, ils m'interrogent sur les cours et je réponds systématiquement que tout va bien ; je m'oblige à mentir afin de ne pas les inquiéter.

Je m'attèle tant bien que mal à mes devoirs et leçons. La soirée s'écoule, banale. Plus tard, Michaël, attentif comme il sait l'être, vient me voir :

— Ça va mieux, Jon ?

— C'est de pire en pire…

S'il le pouvait, Michaël se démènerait pour moi et trouverait une solution. Mais il est impuissant à m'aider, nous le savons tous les deux. Rongé par l'inquiétude, il s'éloigne en me souhaitant la bonne nuit. Que peut-il dire d'autre ?

22h15.

J'entends claquer une porte au rez-de-chaussée. Il fait noir dans ma chambre, la terreur me saisit. Me voici à nouveau pétrifié par l'angoisse, paralysé. Des pas martèlent l'escalier. Quelque chose ou quelqu'un gravit les marches, puis se poste devant ma porte. Je suis mort de peur. Les pensées se bouleversent en moi, ravageuses.

« C'est un rêve ! Je suis en train de rêver, c'est forcément un rêve. »

Plus je tente de m'en convaincre, plus le doute grandit en moi. Mais il ne peut s'agir d'un rêve, il y a vraiment une « chose » qui s'apprête à entrer dans ma chambre.

J'ai raison : quelques secondes plus tard, la porte s'ouvre violemment. La « chose » se rapproche de moi, haletante. Tressaillant et rongé par la peur, je tente de me confronter à sa présence. Je distingue une forme vaguement humaine, mais ne parviens pas à apercevoir son visage. Je suis terrorisé, mon lit est trempé de sueur.

22h35.

Quelques minutes plus tard, je peux enfin bouger. C'est gagné, je vais pouvoir m'asseoir. Meurtri par l'effort, je redresse le buste, galvanisé par la rage. J'y suis presque arrivé, quand mes muscles lâchent. Ma tête retombe lourdement sur mon oreiller. Me voici à nouveau cloué sur mon lit. Je refuse cet échec, la fureur me gagne. À quatre reprises, je tente de me redresser. À quatre reprises, mon corps me trahit et je me retrouve allongé sur le dos, vaincu et terrifié. Une véritable torture qui a raison de mes forces. Je sombre enfin dans le sommeil.

Il est l'heure, je dois quitter mon lit. J'ai si mal aux yeux et je me sens si faible, que j'ai le sentiment de ne pas avoir dormi de la nuit. Je dois pourtant me lever ! Hélas ! mes jambes refusent de me porter et je retombe, inerte, sur le bord de mon lit. Après plusieurs tentatives, je réussis enfin à me tenir debout, malgré mes jambes qui continuent de fléchir. Tout en titubant, je tente quelques pas pour atteindre la porte, mais je m'écroule contre mon armoire. Heureusement, j'ai amorti ma chute en m'agenouillant.

Je dois me reprendre. Je ne vais quand même pas passer la journée, prostré là, à genoux, près de mon armoire ? Je parviens à vaincre l'état de somnolence qui me gagne, je me redresse et, quelques minutes plus tard, me voilà assis à la table du petit déjeuner.

Je rentre de l'école à 17 heures, exténué. Je ne sais pas comment j'ai tenu le coup. Toute la journée, j'ai eu le sentiment que mes jambes allaient me lâcher. Je suis soulagé d'être à la maison. Je monte faire mes devoirs et, en dépit de moments d'absence ou de brèves périodes d'endormissement, j'en viens à bout.

Quand je prends place à table, ce soir-là, personne ne s'aperçoit que je vais mal, que je suis au bord de l'effondrement. Non, ce soir-là, mon regard qui, d'ordinaire, trahit ma faiblesse et mon désarroi, ne donne pas lieu à interrogation ou suspicion. Une bonne soirée en famille, en somme.

23h00.

Je viens d'éteindre la lumière et je suis étendu sur le dos quand, soudain, la paralysie me cloue à mon lit. Elle frappe toujours ainsi, sans prévenir. Dans l'obscurité de ma chambre, du coin de l'œil, je distingue la « chose ». Je n'ai pas d'autre mot pour évoquer cette présence, je la distingue mal. Je peux seulement parler d'une ombre, d'une présence écrasante, de sons haletants. Ce soir encore, la panique m'envahit. J'essaie de me débattre et de crier, mais rien n'y fait. Je suis à la merci d'une chose énorme, poilue et gémissante.

La « chose » progresse vers mon lit à l'allure d'une bête prête à sauter sur sa proie. Tout doucement. Encore un pas… Je vois apparaître son dos au pied de mon lit. Puis, la chose se fige dans la posture du prédateur. Elle vient de s'arrêter comme si elle avait reniflé quelque chose. Je m'efforce de fixer le plafond pour qu'elle ne me remarque pas. Je n'ose plus émettre le moindre son. Subitement, je sens peser quelque chose de lourd sur ma cheville droite et je baisse doucement les yeux pour voir ce qui a pu tomber sur mon pied.

À cet instant, la « chose » prend forme, il s'agit indubitablement d'une bête pourvue de lourdes pattes et affublée d'une gueule de loup armée de crocs destructeurs. Une patte s'aventure sur ma jambe, puis une deuxième. Elles s'appesantissent, puis progressent doucement jusqu'à mon torse. Je ne sais plus ce que je suis en train de vivre. Je ne sais pas si cette « Bête » est celle qui me visite chaque nuit et hante mes jours. Je suffoque sous le poids des pattes qui s'attardent à présent sur ma poitrine. Je suis totalement à sa merci, incapable d'appeler au secours et tout aussi incapable de tenter de la repousser. Je le sais, mes cris ne l'effraieraient pas et ne la feraient pas reculer. Les sons s'étranglent dans ma gorge.

La « Bête » s'est encore rapprochée de moi. Elle découvre largement ses crocs menaçants. Ses yeux fluorescents me transpercent et me fouillent. Ma terreur est telle que je voudrais disparaître. Si je pouvais m'évanouir, j'échapperais à la vision d'épouvante qui me tétanise.

Cette nuit-là, personne ne vient à mon aide. Je suis seul à lutter. Je n'ai d'autre choix que d'attendre l'instant où je redeviendrai maître de mon corps. Je tente en vain de redresser la tête, rien ne bouge. J'ordonne à mon corps de réagir, mais rien ne répond. Je tente et tente encore de faire obéir mon corps quand soudain, mon torse redevient enfin mobile. Je parviens dans un suprême effort à redresser la tête.

23h40.

La « Bête » a quitté ma chambre. Pourtant, elle est présente et envahit mes pensées. Je dois l'en chasser. Je parviens à me maîtriser. Je quitte mon lit et descends discrètement dans la cuisine me servir un verre d'eau. J'ai peur de regagner ma chambre. Je me réfugie dans le salon et allume la télévision dans l'espoir de me baigner d'images qui effaceraient le monstre aux allures de loup, cette bête qui me ronge l'esprit. Quelques minutes plus tard, j'entends des pas dans l'escalier. Mon père m'apostrophe :

— Qu'est-ce que tu fabriques ici au milieu de la nuit ?

Pour toute réponse, je lui montre le verre d'eau que je tiens à la main. Je dois regagner mon lit. Je redoute de franchir le seuil de ma chambre, je suis terrifié à l'idée de ce qui pourrait m'y attendre, mais je n'ai pas le choix. Je gravis donc les escaliers. Arrivé à la hauteur de l'armoire à bandes dessinées, je me saisis d'un « Gaston ». J'ai fait le bon choix ! Notre Gaston et ses pitreries hilarantes parviennent à me laver l'esprit et je m'endors, le sourire aux lèvres.

Le temps passe et j'acquiers cette certitude : personne ne peut rien pour moi, je devrai m'en sortir seul ! Internet devient alors mon allié : je passe des heures à pianoter, je multiplie les recherches, visite tous les sites qui traitent des paralysies et hallucinations nocturnes. Les résultats ne laissent aucun doute : il s'agit des symptômes d'une maladie génétique rare qui frapperait une personne sur 10.000 en Belgique. Tout est là, explicité dans le moindre détail : le calvaire supporté, la monstruosité des souffrances endurées. Je comprends à présent que certaines manifestations que je tenais pour banales et insignifiantes sont, en fait, des symptômes irréfutables de cette maladie.

L'évidence s'impose à moi, je suis narcoleptique. Plus j'avance dans mes recherches, plus je m'imprègne des témoignages, plus mon parcours s'éclaircit. Je vois défiler devant mes yeux une partie de ma vie et je me remémore des histoires et anecdotes qui me ramènent au...

Retour dans le passé…

Nous sommes en décembre 2004. J'ai 15 ans et je suis alors étudiant à l'école secondaire de Braine-le-Comte, en troisième générale, option Sciences. J'ai doublé ma deuxième secondaire à cause de mes lacunes en mathématiques et en néerlandais.

Journée ordinaire

11h00.

Je vole au-dessus de la ville, ivre d'une puissante sensation de liberté, invulnérable quand, tout à coup, je me fige : une détonation me perce les tympans, une balle de fusil vient de m'effleurer le visage. Choqué, je m'arrête et fouille du regard la rue. Ça y est, je le vois ! Un homme tout vêtu de noir se dissimule derrière de grosses lunettes. Il porte un fusil de sniper et me dévisage, comme déçu d'avoir raté sa cible. Mon sang ne fait qu'un tour : sans réfléchir, je me rue sur lui, littéralement propulsé. À peine a-t-il le temps d'ouvrir la bouche, qu'il reçoit un coup de poing en pleine face. Je l'ai proprement assommé ! Je m'acharne sur lui et le propulse quelques ruelles plus loin, réduit à l'état de loque. Les témoins de la scène m'ovationnent. C'est mon jour de gloire !

Mais que se passe-t-il ? J'entrouvre les yeux sous l'effet de coups qui me martèlent les côtes. J'ai besoin de quelques secondes pour comprendre : nous sommes au cours et Joshua, mon voisin de classe, s'efforce de me réveiller. Il ne ménage pas ses efforts… Encore deux ou trois coups de coude et je reviens à la réalité. Dans la classe, tout le monde me regarde. Le professeur a cessé d'écrire au tableau et s'est retourné pour m'observer. Il m'a sans doute posé une question, dont le sens m'a complètement échappé. Devant mon air ahuri, alors que je me frotte les yeux, il demande peut-être pour la deuxième fois :

— Je te dérange ?

Je suis complètement perdu, je ne sais même plus quel est l'objet du cours. Je bredouille maladroitement :

— Heu... non monsieur, désolé.

Je suis incapable de lui répondre. Il constate qu'il n'obtiendra rien de moi, se tourne vers le tableau et reprend son cours. J'en profite pour demander à Joshua :

— Ça fait longtemps que je dors ?

— Ben... Je n'en sais rien, je m'en suis aperçu au même moment que le prof, me répond mon copain sur un ton désolé.

Je joue le fanfaron et tente de le rassurer :

— T'inquiète ! Ce n'est pas grave ! J'espère seulement que je ne ronflerai jamais de toute ma vie.

Quelques rires étouffés nous secouent, puis nous reprenons notre sérieux. Aucun autre incident ne viendra perturber la fin du cours.

16h05.

Comme tous les jours, je rejoins Michaël et les gars avec qui nous parcourons le chemin jusqu'à la gare. En cours de route, nous nous arrêtons dans une épicerie pour acheter les bonbons et la boisson qui nous aideront à tenir jusqu'à l'arrivée du train. Une bonne demi-heure plus tard, nous arrivons à la gare d'Écaussinnes, où nous attend notre père qui nous ramènera en voiture à Naast. Bien sûr, comme à son habitude, papa me questionne sur ma journée et, comme toujours, je lui réponds avec désinvolture :

— Tout s'est bien passé, rien de bien neuf aujourd'hui.

17h09.

Je monte faire mes devoirs dans ma chambre. Super ! J'en ai très peu pour demain. J'ouvre mon cours de religion et commence à parcourir les textes. Une drôle d'impression s'empare aussitôt de moi : j'ai la sensation de ne plus pouvoir tenir mon stylo. Il devient lourd, aussi lourd qu'une brique. Les minutes passent, il me tombe des mains. Dans le même temps, je sens mon regard se brouiller et mon attention décroître. Je n'arrive plus à me fixer sur le texte. Un poids s'est abattu sur ma nuque, j'ai très mal. Je ne parviens plus à garder les paupières ouvertes, elles s'affaissent lourdement jusqu'à me recouvrir les yeux. Je lutte un moment pour tenter de résister à la tension qui m'écrase, je m'efforce d'entrouvrir les paupières, mais le combat est inégal. Je suis impitoyablement vaincu.

17h25.

Je tâtonne dans un tunnel noir, je scrute les parois qui m'entourent, je cherche comment échapper à la pénombre qui me rend captif. Tout à coup, venu de moi, m'atteint un bruit sourd, lourd et rapide. Il se rapproche. Les sens en alerte, j'essaie de reconnaître la nature de ce bruit. Il ressemble aux pas d'un chien qui fondrait à ma rencontre. Mon esprit s'emballe, impuissant à déterminer quel type d'animal pourrait provoquer un bruit aussi assourdissant. La panique me gagne ; alors, je remarque sur ma droite une porte en métal. Je m'en rapproche précautionneusement, terrifié à l'idée de ce qui pourrait surgir derrière elle. Les pas enflent encore et redoublent de menaces, ajoutant à ma frayeur quand, devant moi, la porte bascule subitement vers le haut, comme une porte de bunker. Je me sens coincé ; paniqué, je franchis le seuil qui me conduit dans une pièce pleine de nouveaux mystères. J'avance en trébuchant, les mains tendues vers l'avant pour me protéger des embuches. Mes jambes flageolent, mon cœur s'emballe. J'entre lentement, à tâtons, comme un aveugle. Ma jambe heurte un obstacle, sans doute un bureau. Je poursuis ma progression, mes mains rencontrent un mur. Mes jambes fléchissent, me voici accroupi contre une armoire adossée au mur. Tétanisé, je reste à l'affût des bruits. Des reniflements bruyants envahissent le couloir et arrivent à hauteur de ma porte. Celle-ci s'ouvre avec force. Je ne suis plus seul, la « Bête » est entrée. La peur me paralyse, je m'exhorte à ne plus bouger, à ne plus respirer, dans l'espoir de lui échapper. Puis, je tente de me redresser sans bruit afin de préparer ma fuite quand la « Bête» m'aura repéré. Elle rôde, renifle la pièce de fond en comble, elle semble jouer avec ma terreur. Elle me repère, je suis sa proie, une patte velue frôle ma jambe droite. Elle s'amuse de mon effroi et retarde le moment de fondre sur moi.

Gagné par l'instinct de survie, j'échappe à mon inertie et lui assène des coups de pied, dans l'espoir de l'éloigner et, peut-être, de la réduire à l'impuissance. Ma rage grandit et, au troisième coup de pied, je sens la masse énorme et poilue vaciller légèrement.

Au quatrième, je comprends que j'ai affaire à un monstre d'une telle vigueur que mes assauts, aussi violents soient-ils, n'en viendront jamais à bout. Inutile de poursuivre la lutte, je n'ai d'autre issue que de fuir. Alors, je bondis sur mes pieds et franchis la porte qui mène au couloir aussi vite que mes jambes peuvent me porter. Je fuis pour échapper à la « Bête » qui me poursuit dans le couloir de ses pas lourds et de sa respiration oppressante.

18h00.

Je sursaute et tente une nouvelle fois de reprendre mes esprits.

« Que s'est-il s'est passé ? Je suis sagement assis, le cours de religion ouvert sous mes yeux. Je dois me calmer. Je me suis simplement assoupi et je viens d'échapper à un cauchemar. »

Complètement vidé, je m'affale sur mon lit. À peine suis-je allongé que j'entends mon père gravir les escaliers et parcourir le couloir. Il va entrer dans ma chambre ! Je quitte mon lit à la hâte et titube jusqu'à mon bureau. Quand mon père ouvre la porte, il découvre un étudiant studieusement plongé dans ses cours. Pourtant, quelque chose cloche... Mon père est dubitatif, visiblement surpris de me voir étudier. Nous nous observons pendant quelques secondes et, au moment où je détourne la tête pour fixer mon cahier, il remarque mon front et ma joue droite anormalement rouges et marqués de plis.

— Tu te moques de moi, Jon ? Tu étais en train de dormir.

Sa colère monte.

— À 16 ans, ce n'est pas normal de dormir à 6 h du soir. Qu'est-ce que tu as dans la tête ? Et ne viens pas me raconter que tu étais trop fatigué. À ton âge, on ne s'endort pas comme cela ! Arrête de me raconter des histoires, je n'en peux plus de tes mensonges.

Au moment de quitter la chambre il précise que je suis attendu pour le repas. Je suis éreinté, je n'ai pas envie de parler. D'ailleurs, je n'ai rien à expliquer, ni à objecter. Je les rejoins dans la cuisine, où tout recommence. Tous les yeux sont fixés sur mon visage, sur les rougeurs et les marques qui trahissent mon récent sommeil. À son tour, ma mère explose :

— Je ne suis pas surprise. Tu ne travailles pas, tu es vraiment paresseux…

Puis, chacun y va de son couplet. Une kyrielle de reproches et de menaces fusent : il n'est plus question que je continue ainsi, je n'ai plus intérêt à feindre de m'atteler à mes devoirs alors que je dors, mes échecs scolaires ne surprennent personne, je suis non seulement paresseux, mais je démontre une mauvaise volonté manifeste…

Réaction gênante.

Cette année scolaire est un désastre. Aucun de mes professeurs ne cherche à comprendre ce qui peut justifier mon comportement. Ils sont unanimes à me blâmer, à dénoncer ma paresse et mon manque d'intérêt. Le médecin de famille, plus précisément une doctoresse, évoque un problème de tension et relève une carence en fer. À l'occasion d'une banale visite de contrôle, elle constate que ma tension est tombée à 6.

— Comment te sens-tu en ce moment ? s'inquiète-t-elle.

— Ça va bien !

Mais son scepticisme vire bientôt à l'inquiétude. Elle m'ausculte longuement, m'invite à nouveau à m'allonger et repositionne le tensiomètre avec soin. Elle est visiblement perturbée et inquiète. Un jeune de mon âge ne se promène pas avec 6 de tension ! Il devrait normalement tomber dans les pommes ! Elle ordonne donc une prise de sang qui me vaut de prendre du fer sous forme de pilules tous les matins. Ceci mis à part, rien ne change et mon besoin de sommeil ne diminue pas.

Chaque matin, j'ai pris l'habitude de m'asseoir un peu sur le lit avant de me lever complètement. Malheureusement, s'il m'arrive d'oublier ce rituel, je marche en aveugle ou je m'écroule sur l'armoire de ma chambre. Cela ne m'empêche pas de prendre le chemin de l'école dans l'heure qui suit, comme si de rien n'était.

8h45.

Ma journée commence par le cours de gym, mais je dois rapidement l'interrompre. J'ai la tête qui tourne et je suis sur le point de tomber. Je suis conduit à l'infirmerie, où l'on m'offre un verre de coca :

— Ça te remettra d'aplomb !

Plus tard, comme à son habitude, le professeur de français lit à voix haute les feuilles photocopiées qu'il vient de nous distribuer. À se demander s'il nous croit incapables de les lire nous-mêmes ! C'est d'un ennui mortel pour tous. En ce qui me concerne, c'est encore plus difficile de résister à la monotonie du cours qu'au ronron du professeur. Je dois lutter contre le sommeil, pour que tout simplement mes paupières ne se ferment pas.

Je suis sur un banc au milieu de la classe, bien en vue du professeur. J'essaie de porter le poids de ma tête en l'appuyant sur ma main droite, mon coude planté sur la table. C'est, paraît-il, la position la plus appropriée pour simuler l'écoute. Personnellement, je suis sceptique. J'ai l'impression de ne berner personne. Il n'y a pas de doute : on voit bien que je lutte contre le sommeil !

Joshua est sur le qui-vive, attentif au cas où je me rendormirais. Hélas ! tout à coup, l'assoupissement me terrasse, mon coude glisse et ma tête frappe le bureau de tout son poids. Les yeux du professeur – une femme – se braquent sur moi. Elle me tombe dessus, hors d'elle :

— Si mon cours ne vous intéresse pas, allez voir dehors si j'y suis !

Que pourrais-je lui répondre ? Cette fois encore, confus devant mes camarades, je m'excuse. Malheureux et gêné, je reste le plus discret possible. Le cours finit sans autre incident. Vient ensuite l'heure de religion. La méthode est probablement universelle car, là encore, le professeur se lance dans un monologue. Le professeur – toujours une femme – en détient probablement le record. Pendant une heure entière, elle nous assomme de ses mots et de ses phrases. Aucun temps mort pour nous exprimer ou pour l'interroger. Elle parle, parle... C'est invraisemblable ! Elle se borne à lire les feuilles que nous avons sous les yeux et attend de nous que nous l'écoutions sans broncher, que nous buvions sa lecture dans le plus profond silence.

Je devais m'y attendre ! Bercé par les tirades du professeur, j'alterne les phases d'éveil et d'endormissement. J'enchaîne les rêves, tout surpris de me trouver sur un banc de la classe à chaque fois que j'ouvre les yeux.

Tout à coup, un silence inquiétant m'extrait de mon sommeil. Des pas se rapprochent de moi et, subitement, je sens une main lourde fondre sur mon épaule gauche. J'ouvre grand les yeux et sursaute à la vue de mon professeur qui m'a empoigné et hurle devant tous les élèves. Les reproches fusent, le ton est agressif.

— Lâchez-moi…

Mais elle ne se rallie pas à ma demande.

— Cette fois, ça suffit ! Votre comportement est inadmissible.

Tout y passe : ma désinvolture, mon désintérêt pour les cours, mon manque de sérieux… Excédée, elle m'ordonne de quitter la salle de cours et d'aller méditer sur mon comportement à l'extérieur.

J'attends la fin du cours de religion en arpentant le couloir des 6ème, trop heureux de ne pas croiser le directeur qui, bien sûr, ne manquerait pas de m'interroger. Je commence à me lasser d'aller et venir, quand j'aperçois une classe ouverte. Quelques élèves discutent entre eux. Je les rejoins et leur explique que « j'ai été viré du cours par la prof de religion ».

Quand sonne la fin du cours, je regagne en toute hâte la classe. Il s'agit de laisser croire que je n'ai pas bougé pendant le temps de mon exclusion. C'est la règle : quand on est mis dehors, on ne se balade pas dans les couloirs, mais on reste campé devant la porte de la salle de cours en attendant la fin de l'heure. Le professeur m'aborde :

— J'espère que vous savez que j'ai agi pour votre bien ? Votre comportement est intolérable. Ce n'est pas acceptable de s'endormir au beau milieu d'un cours…

Elle me foudroie du regard, ses propos sont si blessants que je ne les oublierai jamais. Je lui en veux de se montrer si méprisante et agressive à mon égard devant tous mes camarades. Vindicative, elle ajoute :

— Ne croyez pas que nous sommes quittes ! Je trouverai bien un moyen de vous tenir éveillé. Comptez sur moi pour que ça ne se reproduise plus !

Après cela, on se demande pourquoi je déteste la religion !

À peine s'est-elle éloignée, que Joshua, en bon camarade, tente de me réconforter :

— Ne t'inquiète pas, tu n'as rien perdu ! Son cours a été aussi nul que d'habitude.

Je rejoins Michaël, à qui je raconte également ma mésaventure. Je ne me souviens pas des mots que j'emploie, ni du ton que j'adopte. En tout cas, il éclate de rire. Sa bonne humeur est contagieuse. Me voilà souriant à mon tour, je glousse avec lui.

22h30.

Je suis à l'étage d'un building en compagnie d'anciens amis scouts. Nous préparons les lits pour la nuit. Soudain, des étages inférieurs nous parviennent des cris de panique, des cris de détresse. Nous quittons précipitamment la pièce pour porter secours à ces personnes. Arrivés à la hauteur des escaliers, nous les voyons se précipiter vers nous. Terrifiés, ils montent quatre à quatre les marches pour échapper au monstre qui les poursuit. Nous les exhortons à accélérer le mouvement et parvenons à les mettre en sécurité dans la pièce du haut. Là, ils ne craignent plus rien car une porte dûment verrouillée les sépare de l'horrible « Bête ».

À cet instant, alors que le pire est passé, je me retrouve dans la cours de l'immeuble, exposé à une vision d'horreur : des jeunes venus de partout hurlent de terreur. Ils se précipitent dans tous les sens et tentent désespérément d'échapper aux « choses » qui fondent sur eux. L'horreur culmine quand éclate un incendie.

L'immeuble est en flammes. Je lève les yeux et vois, impuissant, des enfants se défénestrer. Ils sautent des étages pour échapper aux « choses » qui s'efforcent de les atteindre pour les dévorer. Je suis pétrifié d'horreur quand, quittant des yeux les fenêtres des étages, je vois arriver à ma hauteur une « Bête » qui me fixe d'un regard meurtrier.

D'instinct, je me précipite à toutes jambes dans une petite ruelle. Elle est encombrée d'une carcasse de voiture qui vient visiblement d'exploser. Fuir, je dois fuir ! Je suis stoppé dans mon élan à la vue d'un enfant qui court vers moi, poursuivi par un monstre. Dévoré par la peur, il crie et m'appelle à son secours. Anéanti par l'épouvante, j'ignore ses hurlements, je rebrousse chemin et me réfugie à l'abri de la voiture calcinée. Je m'agenouille, je me terre, les cris de l'enfant envahissent mon être. Il arrive à ma hauteur, passe devant ma cachette, mais la « Bête » le rattrape aussitôt et le broie de ses crocs monstrueux.

Ma terreur est telle que je me réveille, la tête pleine du craquement immonde des crocs de la « Bête » déchiquetant l'enfant.

23h00.

J'ouvre les yeux. Rien à faire pour chasser de mon esprit la vision de cet enfant déchiqueté ! Quand je trouve enfin le sommeil, je ressens encore la détresse de l'enfant qui implore du secours et succombe au monstrueux appétit de son bourreau.

Le lendemain matin.

Je parviens à me lever, mais j'ai l'impression de ne pas avoir dormi de la nuit. Je suis éveillé depuis un quart d'heure. J'ai toujours aimé ce quart d'heure de grâce qui précède le lever ; j'ai pris l'habitude de faire sonner mon réveil un quart d'heure avant 7H00, afin de profiter de mes dernières minutes de repos.

C'est le moment béni où je peux me laisser aller entre veille et sommeil, certain que personne ne tambourinera à ma porte pour me demander d'accélérer le mouvement.

C'est le moment béni où je pense à quelque chose d'agréable et finis par tomber dans un sommeil empli de douces sensations. Quand j'émerge, j'ai le sentiment d'être débarrassé de la réalité et de ses cruautés. La force de ce quart d'heure est telle que, quand mon père vient tambouriner à ma porte à sept heures précises, je me sens régénéré. J'ai l'impression d'avoir connu une longue nuit paisible, entrecoupée de rêves délicieux.

Hélas ! ce stratagème ne porte pas toujours ses fruits. Ainsi, ce matin-là, je me lève, les cheveux ébouriffés, les yeux rouges et la tête particulièrement lourde. Je tangue, j'ai le tournis. Je descends dans la cuisine et je commence à manger une quantité incalculable de tartines grillées au choco, ou plutôt de choco à la tartine. Je suis ravi !

Ce petit déjeuner est un vrai délice quand ma mère le prépare. Elle a la main généreuse. Avec mon père, c'est différent. Lui aussi, grille les tartines, mais il est plus mesuré. On ne peut pas vraiment dire qu'il tartine le pain de choco, disons plutôt qu'il racle le choco sur la tartine. Question de dosage !

En vérité, ça ne me gêne pas vraiment, car j'excelle à en remettre une couche dès qu'il a le dos tourné. Le petit déjeuner est vraiment le moment privilégié de ma journée. Quand il se passe bien, je me sens prêt à affronter tous les obstacles, j'entrevois la perspective d'une splendide journée d'école.

Pourtant, il arrive que tout dérape et que je parte d'un mauvais pied. En effet, au lieu de me laisser savourer cet instant privilégié, si mes parents me parlent de problèmes en suspens, de problèmes à venir, quand ils me harcèlent pour que j'accélère le mouvement, tout bascule. Je ne sais pas comment le leur dire, mais le matin au réveil, j'ai besoin de tranquillité, j'ai besoin de remédier aux horreurs de la nuit en me gavant de tartines au choco trempées dans un grand bol de lait.

Ce n'est quand même pas si compliqué… Laissez-moi préparer en douceur la journée à venir et arrêtez, une fois pour toutes, de prétendre que j'ai mauvais caractère ! Qu'on se le dise pour de bon : je n'ai pas mauvais caractère, je veux simplement déjeuner en paix.

7h40.

Il est temps de partir à l'école. Je m'apprête à jeter un dernier coup d'œil sur mon test d'histoire, quand j'entends des coups de klaxon. Mon père s'impatiente. Me voilà prêt à vivre une journée des plus magnifiques.

8h25.

On dispose le test sous mes yeux, je me sens assez stressé. D'ordinaire, j'affronte les tests d'histoire avec une certaine sérénité. J'aime bien la matière ainsi que les méthodes du prof. Oui, je m'en sors toujours plutôt bien, je suis toujours dans la bonne moyenne.

Aujourd'hui, ça fonctionne plus difficilement : je n'ai pas totalement réussi à évacuer de mon esprit mon dernier cauchemar. Puis, je n'ai pas eu le temps de jeter le dernier petit coup d'œil, celui qui vous remet les faits en mémoire. J'ai l'impression de ne plus rien savoir. Voilà que je fais un peu n'importe quoi : je dispose les feuilles à étudier dans mon journal de classe et je les dépose sur le banc dès que j'ai la certitude de ne pas être dans la ligne de mire du prof qui marche de long en large dans la classe, afin de s'assurer que personne ne triche. Or, c'est précisément ce que je suis en train de faire...

Je jette donc furtivement un œil sur les feuilles camouflées dans mon journal de classe, mais le professeur surprend mon geste et s'approche de moi pour me mettre en garde. Il s'exprime calmement, sans hausser le ton, évitant ainsi que je ne devienne la cible de tous les regards. Ceci dit, je suis tellement honteux que je rate l'épreuve, incapable de répondre aux questions... même à celles pour lesquelles j'ai les réponses.

10h45, fin de la première pause.

La matinée se poursuit par le cours de français. J'ai de la chance, ma professeur de religion nous donne également le cours de français. Nous entrons un par un sous son regard attentif. Quand j'arrive à sa hauteur, elle m'annonce dans un demi-sourire qu'elle a trouvé une solution à mon problème. Elle ouvre sa farde et, comme à son habitude, commence, à lire son cours. Le résultat ne se fait pas attendre : ma tête se met à vaciller et mes paupières se ferment lentement. Je pose mes coudes sur mon bureau et plaque ma tête entre mes deux mains.

Une voix explose :

— Cette fois, c'en est trop ! Levez-vous !

L'injonction s'adresse à moi. Je me lève précipitamment, je sens fléchir ma tension, ma vue se brouille. Elle s'empare de mon banc et le positionne à proximité immédiate du sien. Elle jubile, les traits grimaçants :

— Désormais, je vais pouvoir te tenir à l'œil. Et compte sur moi pour te secouer si tu t'avises de t'endormir !

Je perds pied. Je me sens impuissant, incapable d'apporter une explication à mon comportement. Je ne comprends pas moi-même ce qui m'arrive, comment pourrais-je me justifier ? Et puis, je me sens humilié, exposé au regard de tous comme une bête foraine… J'en pleurerais. Dire qu'elle prétend agir pour mon bien.

Assis à deux pas d'elle, j'observe son visage pendant qu'elle poursuit son cours. Je distingue chaque pli de sa peau, chacune de ses rides lourdement comblées d'un épais fond de teint. À plusieurs reprises, ma tête penche vers l'avant. À chaque fois, je parviens à redresser la nuque en usant de ma volonté. C'est comme si, tout d'un coup, mon corps entier se déconnectait, comme si un génie maléfique armé d'un interrupteur s'amusait à allumer et à éteindre.

Rien n'échappe non plus à mon prof, qui ne résiste pas au plaisir de sourire, sardonique, à chaque fois que je redresse la tête. Elle est contente, son stratagème porte ses fruits !

Je la hais. C'est la première fois que je déteste autant un être humain. À ce moment, je réalise que je ne peux pas me fier aux professeurs. Combien de fois nous ont-ils rabâché qu'il faut respecter ses promesses, les engagements pris ? Dans mon esprit, ce qui s'est passé en classe ce jour-là devait rester entre nous. Je me suis trompé et tout me donne à penser qu'elle en a parlé autour d'elle. Je l'ai compris quand certains de ses collègues se sont ligués contre moi dans les jours suivants.

En effet, le lendemain de ce jour fatidique, j'essuie les foudres de mon prof de math, un petit gros, chauve, très bon enseignant au demeurant, mais affligé d'un caractère dix fois plus obstiné qu'une mule. Il nous distribue des polycopies.

— Monsieur, vous m'avez donné deux feuilles identiques.

— Vous, taisez-vous ! Pas un mot, sinon je vous fais passer par la fenêtre !

Me menacer de me jeter par la fenêtre simplement parce que je lui signale que j'ai reçu deux feuilles identiques… Je ne sais pas où ces professeurs ont fait leurs études ! Je ne veux juger personne, tout simplement parce que je suis le moins bien placé pour tirer une conclusion hâtive et que je suis peut-être un peu jeune. Mais pour l'instant, qui dans cette école m'a aidé dans mon apprentissage scolaire à surmonter un tant soit peu mes problèmes de somnolences ? Bien sûr, cette main tendue aurait sous-entendu d'utiliser des méthodes discrètes, sans verser dans la moquerie, la culpabilité ou l'humiliation !

Ce jour-là, j'ai perdu l'espoir qu'un professeur s'inquiète sérieusement pour moi et s'interroge sur ma propension à m'endormir en salle de cours. Je ne sais pas ce qu'un élève est en droit d'attendre d'un enseignant, mais j'avais secrètement espéré que l'un ou l'autre se sente interpellé et se donne la peine et le temps de me prendre à l'écart pour essayer d'en apprendre plus à mon sujet. Mais non… Aucun n'a entamé cette démarche, aucun n'a vu en moi un élève en souffrance.

Faire mon intéressant.

Mercredi, 8h25.

Nous attendons le professeur devant la pièce jouxtant la salle d'informatique, comme il nous l'a demandé à la fin de son cours précédent. Nous nous interrogeons tous sur l'objet de sa demande, mais voici qu'il arrive et ouvre la porte de la salle. Nous nous précipitons sur les bancs disponibles. Bien que je me sois dépêché, je n'ai trouvé de place qu'au fond de la salle, tout à l'opposé du professeur. Bien sûr, j'ai pris soin de réserver une place à côté de la mienne à l'attention de Joshua, qui s'installe à son tour.

— On est serrés comme des sardines, ici ! observe Joshua.

Oui, et il fait sombre. Normal, on est dans une salle de projection. Le silence s'installe, le professeur prend la parole :

— Nous avons deux heures devant nous pour nous initier à « Excel ». Vous allez découvrir un des outils les plus poussés de la bureautique. Excel vous permettra en un temps record d'opérer des calculs et de créer des tableaux.

Il parle, il parle, il n'en finit pas de nous vanter les vertus de son fameux Excel. La présentation, qui aurait duré dix minutes chez un autre, se prolonge chez lui pendant deux bonnes heures. Je sens mon attention fléchir, mes paupières s'alourdissent, ma nuque fléchit. Seule une minerve me permettrait de garder la tête droite, de donner l'apparence d'un élève studieux. Autour de moi, les autres restent attentifs aux paroles du professeur. Aucun ne semble éprouver une quelconque difficulté à assimiler ses propos.

Tout souriant, le professeur précise ensuite que nous nous retrouverons chaque mercredi matin dans cette salle. Elle sera plongée dans l'obscurité, afin qu'il puisse projeter les tableaux qui serviront de support à ses cours. Je dois avouer que l'idée de passer un moment chaque mercredi matin dans une salle obscure me réjouit. Je pourrai dormir à l'aise dès que je serai à bout de résistance, sans que personne ne me remarque.

Au fil des semaines, je m'endors souvent, très souvent, et généralement à mon insu. En ami attentionné, Joshua me ramène d'un coup de coude à la réalité, chaque fois que le professeur s'approche trop près de moi. Mais un jour, il n'a pas le temps de me prévenir. Je me suis endormi dès la première demi-heure, la tête calée sur les bras, les yeux rivés sur le mur. Hélas ! l'enseignant m'a repéré. Arrivé à ma hauteur, il assène un grand coup de poing sur mon banc. Tout le monde sursaute ; moi, je manque de tomber de mon siège en tentant de me redresser. Pendant de longues minutes, il vocifère, écume de rage, m'insulte des noms les plus divers, me traite entre autres de « paysan ». Il est véritablement ivre de colère. Sa rage me bloque et m'empêche de réagir. Totalement sidéré, je me tais, incapable de me défendre ou de présenter des excuses. Choqué par la brutalité de ce réveil, j'ai bien du mal à me remettre les idées en place.

Un quart d'heure plus tard, à l'entame du cours de sciences, je me sens quelque peu apaisé. J'aime les sciences, donc tout devrait bien se passer. Je n'irai pas jusqu'à dire que la prof me séduit, mais je suis sensible à son intelligence et à la confiance en soi qu'elle manifeste. Pourtant, je sens tout de suite qu'il se passe quelque chose d'inhabituel. D'autres professeurs ont dû lui passer le mot car, elle aussi, me surveille du coin de l'œil. Elle multiplie les remarques et ne manque aucune occasion de me poser des questions sur le cours, aux moments où je suis assoupi ou quand elle sent que mon esprit s'absente. On dirait qu'elle y prend plaisir ! À la fin du cours, chacun l'entend dire :

— Il n'y a pas de doute, vous cherchez à vous rendre intéressant !

J'évoque de vagues problèmes de santé.

— Si vous aviez des problèmes de santé, ils figureraient dans votre dossier médical.

Je me défends maladroitement :

— J'ai des problèmes de tension et je manque de fer...

— Vous croyez être le seul dans ce cas ? Beaucoup de personnes ont une tension basse, ça ne veut rien dire. Ils sont nés comme ça et mourront comme ça. Arrêtez de perdre du temps à vous justifier. Vous feriez mieux de vous reprendre et de travailler sérieusement. Vous avez fort à faire, vous savez, pour remonter les notes de votre bulletin précédent.

Je ne veux pas en démordre, j'insiste :

— Ma tension passe de six à quinze, ce n'est quand même par rien !

Cette fois, elle prête davantage d'attention à mes propos. Après avoir ajouté une fois encore que la tension varie selon les personnes, elle me conseille de consulter un médecin. C'est bien le premier conseil censé émanant d'un prof de mon école ! C'est surtout la première personne qui pressent que je ne vais pas bien et qui me témoigne de l'intérêt. Je l'avais dit : j'ai affaire à un prof intelligent. Pour ne pas la décevoir, je feins d'être sensible à son conseil et nous quittons la pièce comme si de rien n'était. Une journée ordinaire, quoi !

23h48.

Je franchis la porte de ma maison. Je longe le hall, un long couloir dessert. À gauche, la salle de jeux et les toilettes, à droite le salon. En face de moi, la chambre de ma grand-mère qui vit avec nous depuis un an. Tout à coup, la nuit envahit tout, les lumières de la maison s'éteignent. Je sens la panique monter en moi. Quelque chose se prépare, quelque chose d'énorme va arriver. Effectivement, j'entends un son rauque et glaçant comme le hurlement des loups, les soirs de pleine lune. Les sens en éveil, je tente de le localiser. Ces plaintes proviennent de la salle de jeux. Pas de doute, sentant ma présence, la « Bête » se hâte à ma recherche.

Je tressaille d'épouvante et cours en direction du salon. J'ouvre la porte, puis la referme précipitamment en m'y appuyant de tout mon poids pour en barricader l'accès. Je cherche des yeux le meuble ou le recoin qui me permettrait d'échapper à sa vue. La petite armoire située à ma gauche conviendrait à merveille. Je me précipite, je l'ouvre et je constate avec surprise qu'elle est vide. Les pas se rapprochent, les hurlements redoublent d'intensité. Je me recroqueville tant bien que mal dans l'armoire et parviens avec peine à refermer les deux portes.

À l'instant même, la porte du salon vole en éclat sous la poussée de la « Bête ». Les portes de l'armoire tremblent sous le choc, tandis que mon corps est agité de tremblements. Je contiens mon souffle, afin de ne pas attirer son attention. Pour l'instant, la « Bête » ne m'a pas encore repéré. Je l'entends renifler de l'autre côté de ma cachette. Pourtant, elle approche. Elle n'est plus qu'à deux pas. Elle repère mon odeur, arrive devant mon armoire. J'entends enfler sa respiration, elle halète de plaisir à la perspective du festin qui l'attend. De mon côté, je bloque mon souffle en dépit de la terreur qui me submerge. Un silence lugubre envahit la pièce, je n'entends plus rien… L'espoir me gagne. La « Bête » aurait-elle renoncé ? Se serait-elle éloignée ? Je commence à y croire, quand les portes de l'armoire explosent en un terrible fracas. Je suis face à une gueule béante lancée dans ma direction, prête à me déchiqueter.

Je me réveille, ruisselant de terreur. Je sors à la hâte de mon lit et me précipite sur l'interrupteur. Les yeux hagards, je scrute ma chambre afin de m'assurer que la « Bête » n'y est pas entrée.

* * *

Les altercations avec mes professeurs se multiplient. Je dois l'avouer, je suis parfois en tort et mérite d'être sanctionné, mais le plus souvent, tout dégénère uniquement à cause de mes somnolences. Mon bulletin souffre bien entendu de toutes ces histoires et malentendus. On me colle une étiquette sur le dos. Je suis sûr que pendant leur temps de pause, les professeurs parlent de moi.

Ce jour-là, ma classe se rend dans la salle de télévision, la pièce où on nous projette des cassettes ou des DVD à usage scolaire. Nous allons visionner un film traitant de la religion bouddhiste. Mais le sujet est laborieux et les commentaires manquent d'entrain... Nous sommes tous assis sur des chaises inconfortables, tenant d'une main un bloc de feuilles, de l'autre un stylo. Il s'agit bien entendu de noter ce qui nous semble important. Nous n'y couperons pas : à l'issue de la séance, nous devrons répondre à un questionnaire et montrer ce que nous avons retenu de la projection. Je me demande combien de temps a duré le film... Quasiment l'équivalent de deux cours.

Quand il s'arrête enfin, il nous reste à peine un quart d'heure avant la fin du cours. Je précise ici que je crois avoir une horloge interne très spéciale : lorsque je m'endors en classe, j'arrive toujours à me réveiller une minute au moins avant la sonnerie de fin de cours, et lorsque je m'endors pendant un film, j'arrive toujours à ouvrir les yeux quand défile le générique. Très utile comme horloge interne, ainsi je ne rate pas les pauses.

Le professeur nous distribue le questionnaire. C'est ce que je craignais : je ne me souviens de rien, absolument de rien. Mes notes sont inexistantes, si ce n'est le titre du film qui me nargue en haut de la page. J'imagine le cinéma que ferait le professeur si j'allais lui expliquer que son documentaire m'a endormi. Par conséquent, je suis incapable de répondre aux questions. En revanche, je pourrais lui décrire mon rêve en long, en large et en travers.

Heureusement, Joshua, mon bon génie, veille. Je ne le remercierai jamais assez. Cette année-là, il me permettra de réussir les épreuves basées sur la prise de notes. Dans le cas présent, dès qu'il en a fini avec son questionnaire sur le bouddhisme, il me passe ses notes, bien plus complètes que les miennes. Je dois dire que je bute complètement sur les cours de religion. Je ne les trouve pas adaptés à des adolescents de seize ans. À mon avis, des cours de morale ou d'éducation civique nous seraient plus utiles. Ils permettraient à n'importe quel jeune de résoudre ses petits problèmes du quotidien, nous laisseraient entrevoir des solutions, nous rapprocheraient sans doute aussi des profs.

Aide inattendue.

Fin de la troisième année.

Je me prends deux sales notes : une en néerlandais, l'autre en anglais. Je ne suis vraiment pas doué pour les langues, pour le vocabulaire en particulier. Je sais ce qu'il me reste à faire : bosser pendant l'été.

Devoirs de vacances en néerlandais. Je passe une bonne partie des grandes vacances à côté de ma grand-mère néerlandophone, ce qui rend les choses plus faciles.

Examen en anglais : je dois m'en sortir seul. À la fois compliqué et simple, car ce carton est surtout dû à mon accent. Je ne sais pas pourquoi, mais quand je le parle, on a l'impression que je le teinte de québécois ou quelque chose comme ça. J'ai beau m'appliquer, les sons ne sortent pas comme chez mes camarades.

Mais contre toute attente, je ne devrai pas prouver que je sais parler la langue de Shakespeare, car je passerai une épreuve écrite. Je perfectionne néanmoins mon vocabulaire anglais pendant une bonne partie de mes vacances.

Fin août, mercredi 14h30, examen de passage en anglais.

Nous sommes deux dans la pièce : l'enseignant et moi. L'atmosphère est tendue, mon assurance est mise à mal. Le test se compose de six pages. J'ai toujours pour habitude de parcourir l'ensemble des pages d'un test, de repérer les questions auxquelles je suis sûr de bien répondre et d'évaluer ainsi globalement si j'ai une chance d'avoir la moyenne.

Le premier coup d'œil me réconforte. Je ne décèle ni piège ni questions pièges. Pour quelqu'un ayant préparé le test, ça ne devrait pas poser problème.

Je me sens ragaillardi et m'attaque aux trois premières feuilles. Je suis content du résultat, j'ai repris confiance, j'avance bien. Je viens de démarrer la quatrième page, quand la prof, crayon à la main, s'empare des trois premières feuilles. Ça me met mal à l'aise, je n'arrive plus à me concentrer. Je baisse un peu la tête afin de ne pas voir l'expression de son visage. Un prof qui corrige mon travail devant moi, c'est insupportable, j'ai horreur de ça ! Je ne supporte pas la crispation de son visage quand il tombe sur des mauvaises réponses. Je n'aime pas davantage quand il affiche une expression neutre. Heureusement pour moi, elle s'éloigne et se place derrière mon dos.

Je me remets au travail avec fébrilité. J'entends toujours le bruit de son crayon crisser sur les trois premières pages. J'en suis à la cinquième page, quand elle revient à ma hauteur, s'immobilise et dépose les trois premières feuilles sur le banc, à côté de moi :

— Reprends tes trois premières pages et corrige les fautes.

Je rêve ! Elle a souligné et corrigé toutes les fautes au crayon. Je n'ai plus qu'à les reprendre au stylo ! Je n'en reviens pas, c'est vraiment super de sa part. Elle aurait pu aller jusqu'au bout et corriger les six feuilles, mais c'est déjà énorme. Elle vient de me donner un sacré coup de pouce et du coup, je crois que je n'ai plus à me faire de souci pour les résultats du test.

Je me sens parfaitement confiant. En anglais ça va passer ; en néerlandais, je ne me pose même pas la question : je vais m'en sortir les doigts dans le nez.

Oui, mais voilà ! Avec moi, rien ne se passe jamais comme prévu ! J'ai l'impression que dans mon cas, lorsque le plateau d'une balance atteint un niveau élevé, il se produit toujours l'événement qui va pondérer ma réussite et ramener un équilibre d'une décevante neutralité. J'aimerais bien, de temps en temps, que la balance monte en ma faveur et qu'elle s'y tienne. Hélas ! il faut toujours qu'une malheureuse expérience se produise, casse mon enthousiasme et mette à mal la foi en mes capacités.

Lendemain, 15h00.

Je parcours les couloirs. Je suis perdu, je ne sais pas du tout où remettre mon travail. Je croise alors Joshua, qui a dû, lui aussi, travailler son néerlandais pendant les vacances.

— Le prof est dans notre classe. Tu déposes ton travail devant lui, puis tu peux t'en aller.

— C'est tout ?

— Oui, oui, tu ne fais qu'entrer et sortir.

Je suis rassuré. Rien de bien compliqué, d'autant plus que je pense avoir fait un bon travail. Je frappe à la porte et entre. Le professeur, assis dans le fond de la classe, corrige une copie. Je me dirige vers le bureau, dépose mon travail comme me l'a suggéré Joshua, puis m'apprête à sortir.

— Un instant ! Reprenez votre devoir et venez ici.

J'obtempère. Le professeur m'invite à m'asseoir en face de lui, parcourt mon travail en diagonale et déclare :

— Si vous avez bien travaillé, vous n'aurez aucun mal à répondre à quelques questions sur le cours !

Ça n'en finira donc jamais ! Il a suffi de quelques secondes à Joshua pour tout régler ; moi, ça me prendra une demi-heure. Le professeur ne m'épargne rien. Il s'acharne à fouiller chacune des questions, à exiger des compléments de réponse… Moi, qui étais décontracté en entrant dans la salle, me voilà à nouveau sur le grill, complètement stressé. Je sais qu'il va m'interroger sur des points beaucoup trop compliqués pour mon niveau actuel en néerlandais. Il ne me rate d'ailleurs pas et je m'entends lui répondre, question après question, un fatidique « Ik weet het niet[2] », phrase très pratique pour s'en sortir, mais peu susceptible de rapporter des points. Non, décidément, rien ne se passe pour moi comme pour les autres. Malgré tout, cet interrogatoire poussé ne me vaudra pas d'échouer à l'épreuve, la qualité du travail réalisé avec ma grand-mère contrebalançant la médiocrité de mes réponses ce jour-là.

2 Je ne sais pas.

Incohérent.

Septembre 2005. Quelques semaines après la rentrée scolaire, quatrième secondaire à Braine-le-Comte.

— DEHORS !

Eh oui ! J'ai changé de classe et de professeurs. Désormais, les salles de cours se trouvent à l'étage supérieur de l'établissement, de part et d'autre d'un couloir où passe rarement le directeur.

Malheureusement, ma réputation m'a poursuivi jusqu'en quatrième et l'étiquette de fainéant me colle toujours à la peau. Les enseignants me jettent toujours aussi promptement dehors ou annotent rageusement mon journal de classe. Cependant, trois changements importants sont apparus cette année. Tout d'abord, mon état de somnolence empire au fil des semaines ; d'autre part, je me suis fait de nouveaux amis. Enfin, j'ai pris les choses en main et je me paie le culot de signer moi-même les annotations des professeurs. Sans vouloir me vanter, j'y excelle ; jamais personne ne m'a surpris.

Les critiques formulées à mon encontre se sont enrichies de quelques nouveautés. De plus en plus, les professeurs se plaignent du manque d'intérêt manifesté par un « certain élève » pendant leur cours. Il m'arrive aussi d'entendre des remarques tirées d'un nouveau registre. Il est question de l'opacité de mon regard, ce qui laisse entendre que j'ai vécu une nuit riche et mouvementée. En fait, ils ont raison : mes nuits sont particulièrement perturbées, mais hélas ! pas comme ils se l'imaginent. Je n'arrive plus à suivre un seul cours et souvent, lorsqu'un professeur m'interroge, je sais à peine de quoi il est question. C'est vraiment à se taper la tête contre les murs.

14h10.

Je suis assis au fond de la classe à côté de Kevin. Le professeur d'histoire nous dicte un texte. Tout à coup, épuisé, j'adopte ma position préférée. Mon bras gauche replié sur le plan de travail supporte ma tête. Les yeux rivés sur la feuille posée devant moi, ma main droite agrippe mon stylo à bille. J'arrive tant bien que mal à prendre note de ce que le professeur nous dicte. Les minutes passent. En dépit des efforts que je déploie pour rester attentif, mes paupières commencent à tomber. La fatigue l'emporte, je capitule et me voilà à nouveau embarqué dans un demi-sommeil. Je vis alors une situation paradoxale. Alors que le rêve m'entraîne dans une rue où je déambule paisiblement, je continue à entendre ce que dit le professeur et tente, les yeux fermés, de prendre des notes.

Quand je reprends brutalement conscience, j'ai le sentiment de ne m'être assoupi que durant quelques secondes. Confiant, je relis mes notes. Mon endormissement a été tellement bref que j'ai la certitude de n'avoir rien raté de la dictée. Mais en y regardant de plus près, je m'aperçois que mes notes ne ressemblent à rien. Elles commencent plutôt bien, puis partent en vrille, les lettres deviennent illisibles. Il manque des mots, des portions de phrases. S'ensuit quelques dessins, du scraboutcha[3]. Incohérent ! Pitoyablement inintelligible !

La situation devient coutumière, le processus se reproduit cours après cours. Au début, je tente de m'en sortir en recopiant les notes de mon voisin, puis je renonce à le solliciter. C'est trop dur, je perds courage. Je n'en peux plus de ces annotations qui ne ressemblent à rien. Comment pourrais-je travailler à partir de feuilles couvertes de phrases incomplètes, de dessins dérisoires ou enfin d'un simple trait vertical ? La situation devient cruelle et intenable. Je n'arrive plus à travailler à partir des livres de classe. À peine ai-je lu une à deux pages, que je m'écroule sur mon bureau ou me précipite dans mon lit pour dormir. En fait, je passe le plus clair de mes journées à dormir.

---

3 Griffonnage.

Cela ne peut plus continuer ! Je ne sais où chercher de l'aide. Je ne dois rien attendre de mes professeurs et je sais aussi que je suis incapable d'aborder le sujet avec mes parents. Jamais je n'oserais leur avouer que je dors aux cours ! Je le sens venir, cette année sera un fiasco !

J'ai vu juste : nous nous arrangeons, mes amis et moi, pour cumuler les bêtises et multiplier les incidents. Il n'y a pas à dire, cette année-là, nous méritons amplement le trophée de la pire classe de quatrième. Une vraie bande de cinq à six gamins qui multiplient les provocations, vident un nombre incalculable de boîtes de craies, bombardent les élèves de mouchoirs, de détritus, d'avions, d'élastiques et même de chouquettes ! Personne n'est épargné, même pas les professeurs. Convaincus que l'année est fichue pour nous et que nous allons doubler, nous nous livrons à tous les excès en véritables garnements.

La classe, une pièce étroite éclairée de plusieurs fenêtres, compte seize élèves. Ce jour-là, je dors. Kian est assez calme, Gaël écoute. Par contre, Kevin a un projet en tête et prépare visiblement un mauvais coup. Soudain, je sens une masse imprécise m'approcher et me frôler les yeux. Je me réveille brutalement et me trouve face à un objet bizarre, une sorte de touffe de cheveux mêlée à du chewing-gum. C'est répugnant. Dégoûté, je recule et découvre Kevin, hilare, agitant cette masse immonde à bout de bras. Il se penche vers moi et me chuchote à l'oreille :

— Je vais le balancer sur Gaël.

Aussitôt dit, aussitôt fait. La touffe de cheveux atterrit sous les yeux éberlués de notre copain. Le premier moment de dégoût passé, il se met à rire, ramasse la touffe et entreprend de nous la renvoyer. Il ajuste tellement mal son tir, qu'elle tombe à terre dans la poussière. À mon tour de m'en emparer. Je vais tenter, moi aussi, d'atteindre Gaël. Tous les trois, nous avons les yeux braqués sur le projectile, nous suivons sa course dans l'espoir de le voir atterrir sur la tête de notre copain. Hélas ! je m'y suis mal pris, je rate ma cible et l'ignoble touffe de cheveux survole la tête de Gaël, puis va s'écraser sur celle de Kian. Ce dernier, occupé à peaufiner un chef d'œuvre – la caricature du prof de religion – est brutalement interrompu dans son activité. Il s'empare de la boule de cheveux, la porte à hauteur de ses yeux et se met à hurler :

— C'est dégueulasse, ce truc ! C'est quoi, ça ? C'est trop dégueulasse !

Kevin, Gaël et moi, nous sommes morts de rire, mais en parfaits petits anges, nous gardons le nez penché sur notre table pour donner l'illusion que nous ne savons rien de ce qui se passe. Le professeur ne peut, bien sûr, ignorer cet incident :

— Je viens d'entendre à trois reprises le mot dégueulasse ! Mon cours serait-il en cause ? Expliquez-moi ça !

Soucieux de nous épargner, Kian lui répond du tac au tac :

— Ce n'est pas votre problème.

Offusqué, le professeur lui intime l'ordre de quitter la salle. Trois heures de retenue complèteront la sanction. Après coup, Kian nous en voudra un peu de ne pas l'avoir soutenu et de lui avoir laissé porter le chapeau. Nous le rassurons au mieux :

— Ce n'est pas grave, ça arrive tous les jours ! Aujourd'hui, c'est toi qui as payé, demain ce sera un autre. Pas de quoi en faire une histoire !

Toutefois, j'ai le sentiment d'être la cible privilégiée, la tête de turc des professeurs. Un jour, l'éducateur se moque de moi alors que je donne un bisou à ma copine avant d'entrer en salle de cours ; le lendemain, le prof de mathématiques m'envoie faire signer mon journal de classe pour être arrivé en retard, alors que la porte n'était pas encore complètement fermée ; un autre jour, je me vois infliger des heures de colle…

J'ai l'impression d'être brimé. Tous s'acharnent contre moi, tous s'emploient à me faire rater mon année.

Retenue.

2h00.

Je suis à l'extérieur de la maison, en train de fermer les volets. Nous avons un très grand jardin, très sombre la nuit. J'ai à nouveau la curieuse sensation qu'il va se passer quelque chose. Je laisse donc ouverts les deux derniers volets, je cours vers la porte d'entrée et crie à mes parents, la voix lourde d'angoisse :

— Cachez-vous ! Vite ! Dépêchez-vous !

Indifférents à mes cris, ils ignorent ma mise en garde et continuent à vaquer à leurs occupations. Je me précipite alors sur les rideaux que je tire violemment, les uns après les autres, pour mieux nous isoler, puis je reviens vers les deux volets restés ouverts lorsque j'ai quitté le jardin. Me voilà dans la salle de jeux, où s'affaire Michaël :

— Cache-toi ! Cache-toi vite !

Enfin, j'arrive dans la pièce du fond. Là aussi, je me rue sur les tentures. Nous voilà protégés, à l'abri du danger ! À cet instant, j'entends gémir mon chien. Il est pris de panique. Comment ai-je pu l'oublier dehors ?

Je n'ose pas approcher de la porte d'entrée. La « Bête » profiterait de la manœuvre pour se ruer sur moi et m'emporter ! La terreur me paralyse. Bouleversé, je reviens alors dans la salle de jeux et remarque que le volet n'est pas fermé non plus. Plus mort que vif, je m'approche de la tenture en vue de la tirer, quand, de derrière les rideaux, surgit un énorme œil jaune luisant de menace et auréolé d'épais poils blancs.

Soudain, la « Bête » me quitte du regard et se rue vers la porte d'entrée. Je me précipite et parviens à la fermer à clef de manière à protéger mes parents.

Déroutée par l'obstacle, la « Bête » fait demi-tour, mais quelques secondes plus tard, la maison tremble, un fracas envahit l'espace : la dernière fenêtre vient d'exploser. La « Bête » est à l'intérieur. La culpabilité me ravage, je me sens coupable de l'avoir laissé entrer.

Je me réveille, pantelant de douleur et suffoquant de larmes. J'ai besoin d'un certain temps pour m'apaiser et m'extirper de ce cauchemar. Longtemps encore, cette nuit-là, les yeux grands ouverts, je scruterai ma chambre à la recherche du monstre qui pourrait s'y tapir et attendre que je m'abandonne au sommeil pour me sauter dessus.

Mercredi, 8h30.

Ma journée débute normalement. Enfin, comme d'habitude. Pas question de révéler mon état, pas question d'évoquer l'horreur qui a hanté ma nuit. Je m'efforce d'enfouir l'ignoble cauchemar au plus profond de mon cerveau, je cherche à l'oublier. Je me traîne plus qu'autre chose et peine à monter et descendre les étages qui nous amènent d'une salle de cours à l'autre, de la salle de géographie perchée à l'étage au laboratoire de sciences relégué au rez-de-chaussée.

12h45.

Après avoir avalé la dernière bouchée de mon sandwich, je me dirige vers la salle de retenue. C'est une très grande salle réservée à cet effet. Ce jour-là, nous sommes cinq, dont Kian. Le surveillant veille à nous disperser dans la pièce. Hors de question que nous partagions un même banc ! Le surveillant va de l'un à l'autre, expliquer l'objet de la punition. Arrivé à ma hauteur, il annonce qu'il a du travail, puis me laisse en plan. Les minutes passent, je m'ennuie. Je sors alors mon bloc et me mets à dessiner afin d'occuper le temps qui promet d'être long.

Une heure et demie passe. Les élèves punis de deux heures de retenue en ont bientôt fini. Le professeur se lève et s'approche d'eux pour constater le travail fourni. Arrivé devant moi, il remarque que je suis en train de dessiner :

— Vous avez terminé ?

— Euh… Vous ne m'avez rien donné à faire !

Ma réponse le met en colère :

— Vous saviez tout de même bien que vous n'alliez pas passer deux heures ici à glander !

Je sais qu'il m'a oublié et je ne peux m'empêcher de lui faire remarquer que ce n'est pas à moi de lui apprendre son boulot.

Bien sûr, il a le dernier mot et je me retrouve avec un devoir à présenter le lendemain.

Nous approchons des examens, le rythme des cours s'accélère. Le prof de sciences, en particulier, n'arrête pas de dire que nous avons pris du retard. C'est toujours comme ça avec les professeurs : quand ils ont mal géré ou mal organisé leurs cours, ils s'en prennent aux élèves et les tiennent pour responsables. Mais mes copains et moi ne sommes pas tellement perturbés. Nous avons pris l'habitude de marquer notre désintérêt en retournant nos chaises, afin de nous parler face à face, à notre aise. Nous passons également les heures de cours à nous bombarder de projectiles divers, nous sommes des as du lancer de craies, de mouchoirs ou d'avions...

En se retournant, le professeur me surprend à lancer un mouchoir. Il m'ordonne alors de ramasser tous les projectiles qui encombrent la salle de cours. J'ai le choix entre ce nettoyage et une retenue. J'opte pour la première alternative.

Deux jours plus tard, c'est le professeur de religion qui devient la cible involontaire d'un avion en papier que Kevin a lancé malencontreusement. En plein sur sa tête ! Plus les jours passent, plus la salle ressemble à une porcherie. À la fin de chaque cours, nous nous retrouvons à nettoyer le sol. Nous l'effectuons de bonne grâce, en riant souvent, car nous avons pris l'habitude d'entasser et de cacher tous les détritus derrière une armoire métallique. Quand nous en avons fini avec le balayage du sol, il nous arrive de passer à la phase nettoyage en tout genre. Je ne suis pas prêt d'oublier le splendide spermatozoïde qui s'exhibait sur un banc de la salle. Celui-là, c'est moi qui ai eu la charge de le faire disparaître.

En fait, ça crève les yeux, la classe est scindée en deux. Nous savons déjà que nous doublerons et nous avons investi le fond de la salle. Ceux qui ont toutes leurs chances de passer en année supérieure, eux, occupent les premiers bancs.

Les examens commencent aujourd'hui. Notre petit groupe s'est réuni au milieu de la cour. Notre titulaire surgit et crie :

— Le directeur vous attend dans la classe.

Tout le monde a entendu, les yeux sont braqués sur nous. Nous pressons le pas vers notre classe quand, trompant la vigilance de notre professeur, il me vient l'idée d'aller vite donner un bisou à ma copine, à deux pas de là. Je traîne un peu, puis me décide à rejoindre les autres. J'ai le ventre noué, je sais que rien de bon ne m'attend. À peine entré dans le bâtiment qui abrite notre salle de cours, j'entends vociférer le directeur. Il a été mis au courant de l'état de la salle et exige que nous la débarrassions de la crasse et des détritus qui l'encombrent. Je m'approche en catimini, j'observe mes camarades en pleine action. Pas question de me montrer. Quand je comprends que le directeur et le titulaire vont quitter la pièce, je cours me cacher dans les toilettes voisines. J'attends quelques minutes et, lorsque j'ai l'assurance de ne pas les croiser, je rejoins mes amis afin de les aider à nettoyer.

L'année se termine sans surprise : notre petit groupe double comme nous nous y attendions. Pour moi, la sanction est plus rude : je suis contraint de changer d'école et d'option.

Retour au présent...

2004 à 2007 ! Je viens de réécrire trois années de cauchemars et de souffrances, d'incompréhensions et de brimades. Je les ai projetées à la manière d'une bande annonce de film.

Mais les questions m'assaillent encore. Que m'est-il arrivé ? Pourquoi a-t-il fallu que je vive ces nuits d'effroi ? Que je m'endorme en classe ? Que je perde toute concentration au point de tripler ma quatrième année ? Pourquoi moi ?

Depuis cet été, les paralysies et hallucinations deviennent de plus en plus fréquentes, on me traite toujours de paresseux. Paresseux ? Plus je consulte internet, plus je m'informe, plus je prends conscience de la réalité. Ma maladie n'a rien à voir avec une quelconque fainéantise. Je cherche, je fouille et découvre des témoignages qui m'éclairent, des récits qui correspondent à mon vécu. Il devient clair pour moi que tous mes mensonges, toutes mes stratégies pour cacher ma somnolence, mes problèmes de concentration et mes problèmes de mémoire ont une raison d'être.

Tout est lié. Au fur et à mesure que je découvre les symptômes, je comprends que mon comportement n'a rien de banal. Je ne suis pas le garnement, le fainéant montré du doigt par tous, je suis un ado en souffrance. Je suis un ado malade, je ne le savais pas et personne autour de moi ne l'a compris.

Le diagnostic, enfin !

À ce moment-là, j'ai l'assurance d'être en danger, il est urgent de demander de l'aide. Je me résous à parler à mon père. Au début, il croit à une blague. Je ne peux pas en rester là, je dois le convaincre. Michaël me soutient, il est à mes côtés. Ensemble, nous parvenons à persuader mon père que j'ai besoin de consulter une neurologue. Je dois tenir bon.

Le rendez-vous avec la spécialiste est rapidement fixé, mais nombreux sont ceux qui tentent de me dissuader d'aller la voir. Ils tournent en dérision ma décision d'affronter la maladie :

— La narcolepsie ! La narcolepsie ! C'est complètement ridicule !

Ma titulaire éclate même de rire, le jour de la réunion des parents d'élèves inscrits en animation sport.

Tout confiant, je lui demande si, à son avis, mon comportement peut avoir un lien avec la maladie. Ça l'amuse vraiment :

— Vous souffririez d'une maladie rare ? Vous souffrez tout simplement de symptômes propres à l'adolescence ! ajoute-t-elle sur un ton hilare.

Nous y sommes enfin, je suis assis devant la neurologue. Je suis tendu, je redoute de passer une fois encore pour un menteur ou un affabulateur. J'ai peur de ne pas trouver les mots justes, peur d'oublier des éléments, peur de déformer les faits. Je parle sans discontinuer. Tout y passe : les paralysies durant la nuit, les hallucinations, les angoisses nocturnes, les somnolences, les endormissements soudains. Elle ne bronche pas, m'écoute de bout en bout. J'arrive à peine à y croire.

— Les symptômes sont parlants, mais nous allons devoir nous assurer qu'il s'agit bien de narcolepsie. Je vais vous faire admettre un jour et une nuit dans un centre spécialisé dans l'étude du sommeil. Vous arriverez à 9h00 du matin, vous ferez six siestes durant la journée Nous les enregistrerons et, de la même façon, nous observerons votre sommeil la nuit.

— Comment ça se passe ?

— Vous serez observé par une caméra infrarouge et les événements seront enregistrés grâce à des électrodes posées sur votre crâne et reliées à un boîtier.

Dès le lendemain matin, je suis au rendez-vous, impatient et curieux. J'ai le ventre bien plein, car la veille, on m'a demandé de prendre un solide déjeuner bien gras. Cette exigence-là m'a plutôt fait plaisir : j'ai un appétit d'ogre, le matin au lever. Je suis immédiatement pris en charge. L'électro-encéphalogramme à peine terminé, on me plante sur le crâne un tas d'électrodes retenues par une sorte de glu blanche. Je ne manque pas d'allure, je ressemble à un calamar ; un calamar assez spécial et rare, un calamar affligé de bras de toutes les couleurs. Équipé de cet attirail, on me conduit dans ma chambre. Je m'apprête à allumer la télévision pour donner vie à l'austère pièce blanche, quand entre une infirmière.

— Ce n'est pas le moment de regarder la télévision. Il est l'heure de dormir.

Elle ferme les rideaux, éteint la lumière et la télévision, puis branche les électrodes à une sorte de gros boîtier qu'elle dépose sur mon ventre. Un dernier coup d'œil pour s'assurer que la caméra infrarouge fonctionne, puis elle sort. Je suis sceptique… Je ne peux pas dormir comme ça, sur commande.

Eh bien ! J'ai tort, car en réalité, je m'endors sans aucun problème. Mais je suis brutalement réveillé par la porte qui s'ouvre. L'infirmière entre, allume la lumière et ouvre les rideaux.

— Il se pourrait qu'on en reste à cinq. Si pendant les cinq premières séquences, vous rêvez trois fois, la sixième sera annulée.

Ça ne devrait pas être compliqué pour moi. Il suffit que je dorme deux minutes pour traverser un rêve. En effet, les cinq séances suffisent, même si dormir sur le dos n'est vraiment pas ma position favorite. Mais les fils du boîtier ne me laissent pas d'autre choix.

L'épreuve de la nuit est plus pénible. Je m'endors quelques heures, puis me réveille, le dos complètement cassé. J'ai tellement gigoté que le boîtier est tombé sur le lit et que j'ai fini par m'assoupir dessus. Je ne sais pas me rendormir à cause de la tuyauterie de chauffage qui distille un lancinant « ploc, ploc ». Heureusement, un grand gaillard costaud entre dans la pièce et propose de me débrancher, le temps d'aller aux toilettes. Je lui explique :

— Le bruit du radiateur me tient éveillé. Je vais devenir fou. Ça n'en finit pas, une vraie torture.

— Ça, je n'y peux rien ! constate-t-il en riant. Je suis le garde qui surveille la caméra, et j'ai simplement constaté que tu ne dormais pas, ajoute-t-il plus sérieusement.

Nous commençons à bavarder et à sympathiser. Il s'empare d'une chaise qu'il place près de mon lit, nous discutons jusqu'à cinq heures du matin.

Dans la matinée, une dernière prise de sang et je quitte le centre. Il ne reste plus qu'à attendre les résultats.

Chocs.

Je le sais depuis quelques mois, je suis bien narcoleptique. La prise de sang l'a révélé et la qualité de mon sommeil durant les siestes et la nuit ont validé le diagnostic. Dire que des années durant, je me suis donné un mal de chien pour cacher mon état ! Je rêve en moyenne après 8 minutes d'endormissement, tandis qu'une heure est nécessaire aux autres avant d'entamer un rêve.

Les constats sont sans ambigüité : mon sommeil n'est pas du tout réparateur, je souffre d'apnées du sommeil et de paralysies avec hallucination hypnagogique[4]. Je me vois donc prescrire l'un des seuls médicaments qui traite la narcolepsie, un dérivé d'amphétamines. Les doses sont lourdes, je prends deux comprimés le matin et deux à midi. Les médecins m'expliquent qu'il est impossible de réduire la dose en raison de la gravité et de l'intensité de mes somnolences.

Ce traitement est indéniablement efficace : de légume, je me transforme en pile électrique. Oui, ça marche très bien sur les somnolences. En revanche, le médicament n'agit pas sur la qualité du sommeil et ne soigne en rien les paralysies et hallucinations. Et... je dois l'avouer, il provoque un nombre illimité d'effets indésirables : troubles du comportement, problèmes d'agressivité, nausées, problèmes intestinaux et, plus grave encore, perte de l'appétit. L'effet est tel qu'il peut conduire à l'anorexie. J'en veux pour preuve les huit kilos que je perds en une semaine.

La coupe est pleine quand on m'apprend que ma pathologie est non seulement génétique, mais aussi et surtout évolutive. On me met en garde en m'annonçant qu'un gros problème ou un choc émotionnel peut aggraver les symptômes. Une année

4 Hallucination qui se produit durant la période de temps précédant immédiatement le moment du sommeil. Sorte de rêve éveillé où le malade peut voir se dérouler devant ses yeux des scènes qui ont le même caractère de matérialité ou d'intensité que celui d'un rêve empreint de réalisme. La préservation du contact avec la réalité fait en sorte que le sujet agit comme spectateur de son hallucination.

éprouvante s'annonce pour moi, alors que je suis en cinquième année, option animation sport.

Mes parents se séparent, ils étaient mariés depuis 25 ans. Je ne vois plus ma mère, elle a décidé de partir avec ma sœur en laissant derrière elle son passé. Nous restons seuls, mon père, mon frère et moi. Les jours suivants, mon grand-père paternel décède. Notre vie change du tout ou tout. Il n'est plus question de rester dans la grande maison où nous vivions. Nous devons vendre et partir. Durant un an, nous habitons dans une location.

Je me trouve dans un village moyenâgeux, à deux pas d'un grand lac surmonté de montagnes. Les villageois, que je ne connais pas, se sont réveillés en sursaut, des enfants ont disparu ! C'est le branle-bas de combat. Tous parcourent les alentours afin de les retrouver. Chacun redoute le pire ; après une heure, nous entendons du bruit venant du lac. Les gens accourent et se massent devant les maisonnettes situées le long du plan d'eau. Une épaisse brume voile la surface du lac. La pleine lune émerge enfin des nuages et illumine les alentours. Une barque approche, nous l'observons, le silence est macabre. Éclate une explosion de cris de dégoût, quand nous découvrons ce que contient l'embarcation. Elle est jonchée des corps et des membres déchiquetés d'enfants et d'adultes. Une épaisse couche de sang recouvre les cadavres atrocement mutilés. Penché au-dessus de la barque, j'observe la scène, tremblant d'effroi. Mon cœur se glace quand je vois soudain bouger l'un des enfants. Il se réveille, observe les bras et les jambes disséminés sur lui, qui lui tiennent lieu de couverture. Puis, il se rendort, indifférent. Cette boucherie dépasse le supportable, je me réveille brutalement.

Je n'arrive pas à penser à autre chose : quelle personne pourrait se rendormir après avoir vu dans ses rêves des gens en lambeaux ? Je me retourne sans cesse dans mon lit, jusqu'au moment où mon corps se fige. Je ne peux à nouveau plus bouger, je n'ai plus aucune force. Je renonce à lutter.

« Pourquoi moi, pourquoi dois-je toujours souffrir ainsi ? »

Après quelques minutes, je sens que je vais pouvoir enfin reprendre le contrôle de mon corps. Je dois à tout prix tirer sur le cordon relié à l'interrupteur et allumer pour sortir de cette paralysie. Enfin, mon bras bouge. Cependant, on dirait que mon corps pèse plus d'une tonne. Cette sensation est horrible. J'arrive avec difficulté à soulever la tête. Mon torse se lève à son tour difficilement. Enfin, j'arrive à me mettre à quatre pattes. Mais cet instant est bref. L'impression de lourdeur est telle que mon corps retombe à plat ventre contre le lit.

Je fixe cette courte distance qui me sépare de la cordelette. Elle paraît dérisoire, pourtant, j'avoue qu'elle est digne d'un parcours de combattant. Plusieurs fois, je retombe sur mon lit. Une dizaine de minutes plus tard, je me retrouve à nouveau à quatre pattes. J'ai l'impression que mon corps est composé de métal et que mon lit est un aimant. Après plusieurs minutes de lutte acharnée, j'arrive enfin à tirer sur le cordon. Je reste immobile, le cordon à la main, épuisé d'avoir surmonté cette épreuve des plus désagréables.

Nouvelle inattendue.

Mon père vit très mal la séparation. Pour ma part, je décide d'accorder une chance à ma mère, qui m'a convaincu de venir la voir. Sa sœur l'héberge à Tournai. J'ai hésité à accepter son invitation, car je serai obligé de croiser ma tante, que je tiens en grande partie pour responsable du divorce de mes parents. J'ai cédé quand maman m'a dit que nous serions seuls.

— Non, non, nous ne resterons pas chez elle. Nous visiterons la ville. Tu vas voir, nous allons passer une bonne journée.

Sa proposition me rassure d'autant plus que ma copine sera du voyage. Nous montons dans le train et arrivons à destination une heure plus tard. Maman nous attend à la gare, elle me fait la bise et nous invite à monter dans sa nouvelle voiture. Elle se met à babiller, m'assure que tout va bien pour elle, puis ajoute :

— Ma sœur nous attend.

Je me rebiffe :

— Ce n'est pas ce qui a été convenu ! Nous nous étions mis d'accord pour aller nous promener dans Tournai !

— Après réflexion, j'ai changé d'avis ! Aller boire un verre chez ma sœur ne peut pas te faire de mal.

À court d'arguments, j'accepte. Je redoute de rencontrer la famille de ma mère, je ne les supporte pas et les circonstances actuelles n'arrangeront pas les choses. Je les connais, ils seraient capables d'envenimer encore plus la situation.

Nous prenons place sous la véranda. Un verre à la main, maman se met à discuter, à parler de sa nouvelle vie. J'ai le droit à tous les détails.

Les propos sans intérêt se suivent quand, enfin, elle me demande des nouvelles de papa. Je suis à deux doigts d'exploser. Je me contiens pourtant pour répondre :

— Comment oses-tu poser cette question ? Comment peut-il aller bien alors que tu es partie comme ça, en prenant tes cliques et tes claques et en laissant tout tomber derrière toi ?

Sa question est invraisemblable ! Comment mon père irait-il bien alors qu'il doit aujourd'hui s'occuper seul de ses deux gamins, assurer seul le quotidien, endosser seul le coût d'une location ?

À ce moment, maman se tourne vers ma sœur de neuf ans :

— Qu'est-ce que tu en dis Lara, on lui dit ?

Lara acquiesce. Maman se tourne alors vers moi et m'annonce :

— Jonathan, j'ai rencontré quelqu'un. Il arrive, il veut faire ta connaissance.

La nouvelle me foudroie. Je comprends maintenant ce qu'elle fabrique à Tournai. Pendant que mon père déprime, elle s'offre une nouvelle vie et se paie du bon temps avec un nouveau mec. Je suis sidéré... Elle me l'apprend comme ça, comme si elle s'adressait à son meilleur pote.

— Tu veux bien répéter doucement et clairement ce que tu viens de dire ?

Elle reprend la parole et répète mot pour mot et sur un ton égal ses derniers propos. Je ne parviens pas à contenir mes larmes, les mots se bousculent :

— Je refuse de voir ce type, je me tire... Et Michaël, tu as pensé à Michaël ? S'il apprend ça, je t'assure qu'il lui casse la gueule !

La réaction de maman est immédiate :

— Ne joue pas à ce jeu-là, Jonathan ! Personne ne cassera la gueule de personne !

— Je ne veux pas le voir. S'il arrive, je m'en vais.

Ma mère se lève sans un mot, se dirige vers la cuisine, puis revient, un peu d'argent en main :

— Pour ton billet de retour...

Nous quittons les lieux, elle nous dépose à la gare. J'ai le cœur serré en franchissant le seuil de notre maison. « Qu'est-ce que je vais dire à mon père ? C'est lui qui m'a poussé à aller voir maman. - Tu vas pouvoir discuter avec elle ; tu verras, tu te sentiras mieux. »

Non seulement, je ne me sens pas mieux, mais en plus, je redoute les questions qu'il ne manquera pas de me poser. Je le rejoins dans la cuisine :

— Alors ? Comment s'est passé la journée ?

— Bien, tout s'est bien passé.

Il a fallu du temps à mon père pour apprendre la vérité. Nous nous sommes ingéniés à ne rien lui dire. J'ai le cœur serré quand je pense à la petite Lara qui, du haut de ses neuf ans, s'est tue à chaque fois qu'elle venait en visite à la maison. Il lui en a sûrement coûté de devoir cacher la vérité à son papa.

Quelque temps plus tard, je dois retourner à l'hôpital afin de revoir mon traitement. Les médecins m'apprennent qu'ils doivent augmenter les amphétamines, mes symptômes ont gagné en ampleur et en fréquence. Je ne peux pas continuer de cette façon. Je ne parviens plus à dormir, les paralysies se succèdent sans cesse, je ne ferme plus l'œil de la nuit… C'est l'enfer. Je n'en peux plus, je craque :

— Il n'existe pas d'autre traitement ?

La réponse du neurologue me laisse pantois :

— Si… On peut vous proposer un autre traitement, un médicament qui fonctionne mieux… Mais ne me demandez pas pourquoi, nous l'ignorons complètement.

Rassurant, quand un spécialiste vous tient ce genre de propos !

Mais je n'ai pas le choix, mes symptômes sont trop graves. Et puis, je veux mener une vie comme les autres. Dormir toute la journée à l'école n'est pas une solution ; dormir toute la journée à l'école n'est pas une vie.

Je suis fâché avec les dates : impossible de dire depuis combien de temps je sors avec la même petite amie. Je dirais huit mois environ. Mais le cœur n'y est pas. L'ambiance à la maison, les histoires de ma mère, l'aggravation de mes symptômes, tout cela me vide la tête. J'ai le sentiment d'avoir une pelote de laine à la place du cerveau. Je ne sais plus où j'en suis et j'en viens à ne plus pouvoir exprimer mes sentiments à ceux que j'aime. Je dois faire une pause, je dois prendre un peu le large. Au fond de moi, je sens que je dois éviter les situations à problèmes. Je vais commencer par espacer mes rencontres avec ma Rory. J'éprouve toujours les mêmes sentiments à son égard, mais là, pour l'instant, sa jalousie me pèse. Je vais lui expliquer que ce n'est pas dirigé contre elle, mais que dans l'immédiat, je dois me donner le temps de souffler, le temps de me recentrer sur moi, le temps aussi de renouer avec des amis. J'ai besoin de leur parler, besoin qu'ils m'écoutent.

Je lui donne rendez-vous sur le parking de l'école. Je suis confiant. Je lui expliquerai, elle comprendra, elle est au courant de tout ce que je vis et traverse.

— J'ai besoin de souffler. Je ne vais pas bien du tout. J'ai besoin de parler à mes amis. Je dois me poser, il faut que je limite tout ce qui pose problème…

— C'est ça ! Dis plutôt que tu en as marre de moi, que tu veux me jeter pour une autre fille. (Elle hurle, hors d'elle) Tu sais, si tu veux me quitter, il suffit de le dire !

Elle ne parvient pas à comprendre mon besoin de repli, mon désir de me protéger. Pour l'instant, les autres filles sont le moindre de mes soucis. Je lui répète :

— Laisse-moi souffler un peu. J'en ai vraiment besoin.

Mais elle conclut brutalement :

— Soit on reste ensemble, soit c'est fini ! Tu as le choix.

Elle me tourne le dos et s'éloigne, visiblement blessée. Nous nous revoyons les jours suivants, mais rien ne s'arrange entre nous. Je ne m'en sors pas, accaparé par mes chagrins, mes soucis et mes peurs. Je vais de plus en plus mal, mon père ne s'en sort pas non plus, accablé par les problèmes que ma mère semble s'ingénier à multiplier. Je n'arrive même pas à trouver le temps de rencontrer mes amis. Pourtant, il le faudrait. J'ai besoin de me confier, de me libérer un peu. Mais les jours passent et inévitablement, je me renferme sur moi-même. Je manque totalement d'énergie.

Ce soir-là, un bon film passe à la télé. Mon frère est chez sa copine et mon père est déjà couché. Je m'allonge dans le divan, un paquet de chips en main et un verre de limonade à portée, content que la soirée se passe au calme. Le sommeil me gagne après quelques minutes et je m'assoupis. J'ouvre les yeux lorsque j'entends s'ouvrir la porte d'entrée. Encore somnolent, je tends l'oreille afin de repérer qui vient d'entrer dans la maison. Mon frère et sa copine apparaissent :

— Passé une bonne journée, Jon ?

À moitié endormi, je réponds :

— Bof...

— Tu regardes quoi ?

Ses questions m'énervent et je réponds sèchement :

— Tu n'as qu'à regarder par toi-même !

À l'écoute de ma réponse, il n'insiste pas et, accompagné de sa copine, il va boire un verre d'eau dans la cuisine. Pendant ce temps, je réinstalle correctement la couverture sur moi mais, au dernier moment, mon corps se relâche et tombe couché sur le divan. À cet instant, le manque d'attention de mon frère à mon égard me révolte. J'essaie de crier mais, comme d'habitude, à peine quelques bruits assourdis sortent de ma bouche. Quelques secondes plus tard, toujours dans mon dos, Michaël et sa copine quittent la cuisine.

— Bonne nuit, Jon, lance simplement mon frère.

« Non, non, ne montez pas, je suis bloqué. Au secours ! »

Comme ils ne reçoivent aucune réponse audible, ils montent paisiblement l'escalier sans se douter une seule seconde que je suis bloqué. Plusieurs minutes de lutte plus tard, j'arrive enfin à émettre quelques sons, mais ma position reste complètement intangible. J'essaie tant bien que mal d'augmenter les bruits, mais sans succès.

Une dizaines de minutes plus tard, les larmes aux yeux, j'entends quelqu'un descendre les escaliers et ouvrir la porte du salon.

— Jon, ça va ?

« Papa, papa, viens m'aider, vite ! »

À l'écoute des sons anormaux qui proviennent du divan, il s'approche aussitôt. Il me regarde, surpris de me voir complètement inerte, avec comme seule preuve que je suis vivant, le bruit de ma respiration et mes yeux qui bougent[5]. Il commence alors à remuer mon corps de sa main droite, dans le but de provoquer une réaction :

— Jon, vas-y, lutte ! Débloque-toi !

Une vingtaine de secondes plus tard, ma tête bouge vers la gauche, résultat de mes efforts. Papa continue de m'encourager et, malgré plusieurs échecs, je reprends enfin l'usage complet de mon corps. Je m'assieds maladroitement sur le bord du divan et articule :

— Enfin, enfin… !

— Allez Jon, courage ! Il est temps d'aller dormir.

Sans mon père, ce soir-là, qui sait combien de temps encore j'aurais dû lutter avant de reprendre le contrôle de mon corps ?

5 État de cataplexie.

J'y compte bien !

En l'espace d'une année, j'ai vu ma maman, au mieux, une dizaine de fois. Lorsqu'elle vient à la maison, ce n'est pas pour voir ses enfants, mais pour exiger de mon père qu'il lui restitue des effets qui lui appartiendraient. En fait, elle récupère tout ce qui l'intéresse pour meubler la maison qu'elle vient de louer. Ceci fait, elle espace à nouveau ses visites, laissant parfois s'écouler plusieurs mois.

Ma copine, elle, s'est consolée dans les bras d'un autre. Je l'ai appris, il y a trois jours. Dans mon esprit, la rupture avec elle n'était pas consommée, elle avait forcément compris que j'avais besoin d'une pause. Je me suis bien trompé ! Elle a véritablement cru que j'usais de prétextes pour aller voir ailleurs et découvrir d'autres filles. Elle n'a pas senti que, dans l'état où je suis, miss Belgique pourrait se mettre nue devant moi, que je ne lui accorderais pas le plus furtif des regards. C'est trop dur et trop bête. Je suis sûr des sentiments que je lui porte. Je l'aime, et je sais qu'elle m'aime aussi.

Elle a disjoncté quand je lui ai parlé d'une pause entre nous, mais désormais, elle sort avec un pote à moi. Il est trop tard. Ce week-end, je passerai chez elle récupérer mes effets personnels.

Toutefois, la jalousie me ronge. J'ai beau feindre de ne pas être touché, je suis malade de la savoir avec un de mes copains. Je ne l'ai pas vue depuis trois jours. J'ai tenté de la joindre en lui expédiant des messages, mais elle ne répond pas.

Un jour, en classe, je me dis que je ne peux pas continuer à me ronger les sangs de cette manière. Je fais une ultime tentative, je lui expédie un dernier message. Sa réponse ne tarde pas :

— Pourquoi tu me demandes ça ?

Je lui réponds froidement :

— Je veux être sûr que c'est bien fini entre nous.

Je mens, bien sûr. J'ai peur, très peur à l'idée de la voir embrasser un autre mec devant moi. Et puis, j'ai besoin d'elle ! Mis à part ma famille, elle est la seule à savoir ce que je traverse, à savoir que je patauge en plein bourbier… Sa réponse me terrasse :

— Oui, pas de doute.

Je suis perdu, elle seule est susceptible de me comprendre ! Et puis, je suis énervé contre elle, je lui en veux. Comment ose-t-elle me traiter ainsi ? Plein de rage, je lui écris :

— Amuse-toi bien !

Sa réponse tombe, immédiate :

— T'inquiète pas, j'y compte bien.

C'est décidé, je ne vais pas attendre le week-end pour passer récupérer chez elle ce qui m'appartient. Je vais y aller dès vendredi. Je le lui annonce par texto. Elle ne veut pas en entendre parler. Elle me répond par un flot d'injures et de menaces. En clair, elle m'interdit de me présenter chez elle.

Je ne peux pas laisser passer ça ! Qu'elle le veuille ou non, j'irai chez elle sans la prévenir. Si je lui annonce ma visite, elle est capable d'appeler du renfort et de me mettre à la porte.

J'arrête ma mobylette devant son domicile. Je me sens à la fois calme et terriblement tendu à l'idée qu'elle m'injurie. J'hésite un instant puis, prenant mon courage à deux mains, je frappe à sa porte. Elle ouvre, surprise de me voir. Mon cœur se serre… Elle n'est plus à moi, je ne peux plus la prendre dans mes bras ou l'embrasser comme avant, quand elle m'accueillait.

— Je viens récupérer mes affaires.

Elle s'éloigne en silence et revient, les bras chargés de mes coussins et de mes t-shirts. Elle me les tend, je les dépose par terre, devant moi. Pas un mot, rien ! Moi, je n'arrive pas à en rester là, les mots sortent :

— Je ne suis pas venu pour faire des histoires, j'ai juste une ou deux questions à te poser. Comment oses-tu me laisser tomber quand je vais aussi mal ? Comment oses-tu me laisser tomber au bout d'un an ? On était super bien ensemble, tu es bien d'accord ?

Elle répond, laconique :

— Je ne fais rien de mal !

Sa réponse cinglante me blesse, elle me choque. C'est la goutte d'eau qui fait déborder le vase. Mes larmes jaillissent et je cogne violemment la porte d'entrée. Le coup de poing a été tellement fort que ma main saigne. Rien ne m'arrête. Aussi calmement que possible, je lui repose ma question.

Elle se tait et, paniquée à la vue du sang, elle exige que je parte immédiatement. La rage me reprend. Cette fois, j'abats mon poing sur un sac de ciment qui encombre l'entrée. Le sang gicle de plus en plus fort. Alors, elle se met à me parler. Elle me dit qu'elle m'aime encore, mais que c'est fini entre nous. Elle m'assure que je suis son grand amour, mais que c'est fini, bien fini.

À son tour, elle se met à pleurer. Je reprends, totalement perdu :

— Je t'aime. Comment accepter de te voir tous les jours à l'école dans les bras d'un autre ?

Elle me prend dans ses bras et, désemparés, nous nous enlaçons pour un dernier baiser. Je m'écarte d'elle, je sèche mes larmes et je m'aperçois alors que j'ai tâché de sang le seuil de sa maison. Des gouttes ont même éclaboussé le mur et la porte. C'est le moment de partir, son père arrive. Pour éviter toute question, je cache mon poing dans la poche de ma veste et prend congé. En disposant mes affaires dans le coffre de ma mobylette, je constate que ma main est salement amochée. Les articulations du majeur et de l'annulaire sont profondément entaillées. J'enveloppe tant bien que mal mes doigts dans un mouchoir et enfourche ma mobylette.

Sur le chemin du retour, mes larmes se remettent à couler. C'est trop dur de perdre l'amour de sa vie. Ma blessure me fait souffrir et je dois serrer les dents à chaque fois que j'actionne la poignée des gaz. Arrivé à la maison, je constate que ma main a doublé de volume. Elle n'est vraiment pas jolie à voir. Une question se pose :

« Comment vais-je pouvoir me défaire de ma veste sans raviver la blessure ? » Commence alors une bataille entre ma veste et moi. Il me faut une trentaine de secondes pour réussir à extraire mon bras de la manche droite. Reste la manche gauche. Ce n'est pas simple, car je ne peux pas me servir de ma main droite. Mes doigts ne répondent plus, je n'arrive pas à les plier. Je me sers de mes dents ! Je plie en premier lieu mon bras gauche pour l'amener à la hauteur de ma bouche, puis je saisis à pleines dents l'extrémité de ma manche et commence à tirer. Ça marche ! Un petit « yes » de victoire ponctue mon habileté. Je m'en suis sorti. Mon père choisit ce moment pour surgir. Il me regarde, surpris, se demandant ce qui me prend de mordre la manche de ma veste. Il découvre alors les taches de sang qui maculent mon pantalon.

— Qu'est-ce qui s'est passé, Jon ?

Il n'attend pas ma réponse et s'empare de mon bras droit, m'obligeant à l'extraire de ma poche. Alarmé, il répète :

— Qu'est-ce qui s'est passé, Jon ? Tu as frappé, tu t'es cogné…?

— Je viens de chez mon ex. Ça c'est mal passé, papa. Je ne veux vraiment pas en parler.

— Dépêche-toi de passer ta main sous l'eau froide, je vais chercher un bandage dans la salle de bain.

Sous l'effet de l'eau froide, l'hémorragie reprend de plus belle. Ça pique horriblement ! J'y regarde de plus près et constate que deux doigts sont salement entaillés. Arrive mon père, les mains encombrées de pansements et de lotions.

— Alors, Jon, ça va ? Ce n'est pas trop grave ?

— Euh…

— Quoi ? Qu'est-ce que ça veut dire « Euh » ? Remontre-moi cette main !

Il explose :

— Bon sang, tu as vu l'état de tes doigts ? Dépêche-toi, on va aux urgences.

(Il est au bord de la panique) Je ne sais pas s'ils pourront intervenir à cet endroit-là ! En pleine articulation !

Nous voici en route pour l'hôpital. Michaël nous accompagne. Drôle de jour pour fêter son anniversaire : il a vingt ans aujourd'hui. L'attente aux urgences durera trois heures. Pour passer le temps, papa et Michaël se relaient. Pendant que l'un me tient compagnie, l'autre se réfugie à la cafétéria. De mon côté, je décide d'envoyer un message à mon ex-amie. Dans mon esprit, il s'agit simplement de l'informer, de lui dire que je suis aux urgences. En fait, au plus profond de moi, j'espère qu'elle me présentera ses excuses.

Je ne m'attendais pas à sa réponse, ou plutôt à ses réponses. Un premier message arrive, puis un second, puis un troisième pour me dire que je ne manque pas de culot de la tenir pour responsable ; un dernier, enfin, pour m'inviter à « aller me faire foutre ».

En quittant l'hôpital, j'ai des points de suture aux doigts et une grande blessure au cœur.

Le bilan est à pleurer : je ne vois plus ma maman, mon père déprime, mon frère se sent mal, j'ai déménagé dans une autre maison, ma copine m'a lâché et ma maladie empire.

De plus, mon grand-père paternel vient de mourir d'une crise cardiaque. Je l'aimais beaucoup. Il était très attentionné ; tous les mercredis après-midi, il passait avec ma grand-mère pour demander de mes nouvelles. Il était aussi trompettiste. À son enterrement, il y avait tant de monde, que certaines personnes ont dû rester à l'extérieur de l'église. Plus de soixante musiciens ont joué en son hommage pendant la messe et au cimetière. Toute ma vie, je me souviendrai du morceau joué au moment de la descente du cercueil en terre. « Ce n'est qu'un au revoir » prouve son immense amour de la vie et des autres.

Cerise sur l'immonde gâteau, le nouveau médicament me met dans des états auxquels je ne comprends rien. Inexplicable ! Je suis obligé d'avaler quatre comprimés par jour en raison de la gravité de mes symptômes. Je finis par comprendre que ce cocktail chimique est loin d'être maîtrisé.

Ces nouvelles pilules provoquent des effets secondaires plus conséquents et beaucoup plus graves que le médicament initial. Dès le début du traitement, je me sens à cran, une vraie pile. Je claque des doigts à tout moment, j'ai des TOC[6] et ça se voit. Quand je suis assis, ma jambe heurte sans arrêt le pied de la chaise ; quand je suis debout et tente de discuter avec quelqu'un, je suis incapable de me stabiliser, je vais et viens devant lui, au point de le soûler. Ces troubles se poursuivent ainsi pendant des mois, c'est insupportable. D'autres signes sont alarmants, car je change d'humeur d'un instant à l'autre. Invivable.

Mon comportement irrite évidemment mes professeurs, qui me tombent dessus dès que je claque des doigts ou que je commence à m'énerver. Je ne vois pas d'issue.

Au fil des mois, les symptômes gagnent en fréquence et en ampleur. Heureusement pour moi, la cinquième année animation sport ne me semble pas compliquée. Je n'ai pas besoin de beaucoup travailler pour m'en sortir. Dans le cas contraire, je me serais planté, car ma maladie me laisse peu de temps pour me concentrer sur mes bouquins ou sur mes devoirs. Globalement, même si je les irrite profondément, les professeurs sont plutôt cléments avec moi. En effet, les médicaments me permettent de rester plus facilement éveillé, les enseignants ne sont plus braqués sur mes somnolences. Je ne passe plus à leurs yeux pour le roi des fainéants. Je récolte des notes honorables et ils n'ont, somme toute, rien de bien méchant à me reprocher. Aucun problème donc pour passer en année supérieure, je reçois même en fin d'année scolaire leurs félicitations.

J'aborde donc la nouvelle année sans appréhension, convaincu que le niveau sera à ma portée et que les professeurs se montreront aussi compréhensifs que leurs collègues de cinquième année.

Je me trompe à nouveau lourdement.

---

6 TOC : troubles obsessionnels compulsifs.

La sixième année est rude, bien plus exigeante que l'année précédente. En fait, c'est la pire année qu'il me soit donné de vivre. Je suis toujours en animation mais, contrairement à l'année précédente, on nous demande beaucoup plus de travaux pratiques. Plusieurs fois par semaine, durant la pause de midi, nous sommes envoyés dans une école primaire, afin d'observer et de décrire le comportement des enfants qui jouent dans la cour. Nous devons également être attentifs aux comportements des animateurs qui les encadrent et en rendre compte par écrit. Ce travail nous laisse peu de temps pour déjeuner et souffler, pas plus de dix minutes. Je ne m'y retrouve pas... Qui plus est, j'ai beaucoup de mal à observer et à prendre note de mes constatations.

L'effort est tel que je me mets à somnoler dès que je commence à observer les animateurs. Ce n'est pas une vraie surprise : cet exercice n'est pas particulièrement excitant. Et puis... mon besoin de souffler est réel. Nos professeurs nous prendraient-ils pour des surhommes capables de se passer de pause et de sommeil ?

Une bonne nouvelle quand même !

J'ai une nouvelle copine qui m'aime. Nous sommes dans la même école. Elle déplaît énormément à mon ex, qui ne supporte pas de nous voir ensemble. Pas joli, joli, son comportement... Quand elle m'a quitté, elle a raconté des insanités et des mensonges à mon sujet, dans le simple but d'éloigner les filles susceptibles de s'intéresser à moi. Heureusement, Victoria me connaît depuis longtemps et, de plus, elle semble indifférente aux ragots.

Un appel à l'aide muet.

23H00.

Je suis chez Victoria, allongé à ses côtés. Nous parlons précisément du mal que se donne mon ex pour me disqualifier aux yeux des filles, de Victoria en particulier. Le sommeil me gagne.

Victoria et moi remontons une allée, une large allée qui mène à une maison. Il fait très noir. Une faible lumière illumine la voiture garée à côté de nous, une sorte de monospace noire. Victoria et moi, nous nous embrassons dans l'allée. Puis, je lui ouvre la portière arrière du véhicule, afin qu'elle y pénètre. À cet instant précis, je sens qu'il va se passer quelque chose. Je contourne la voiture, mais je ne vois rien. Il fait vraiment très noir et le pâle halo du lampadaire ne me permet pas de voir à plus de dix mètres. Je renonce et monte à mon tour dans la voiture. Victoria s'installe sur mes genoux et m'embrasse.

J'entends tout à coup quelque chose frapper à la porte. En y regardant de plus près, je comprends que pour s'amuser, Victoria a voulu me faire peur. Nous décidons de descendre de la voiture, côté gauche. Victoria passe la première. La nuit me paraît de plus en plus sombre. Alors que mon amie pose le pied à terre, la voiture se met à tanguer dangereusement. Elle vient d'être heurtée par quelque chose que je n'identifie pas. Cette chose, monstrueuse de force et de rapidité, arrache la portière, me plaque contre le siège et emporte Victoria comme s'il elle ne pesait pas plus qu'un vulgaire fétu de paille.

L'effroi m'arrache au sommeil. Je me réveille, oppressé. J'ai les yeux ouverts, le regard braqué sur le mur sombre qui me fait face. Je tente de me redresser, mais n'y parviens pas. Je m'efforce de changer de position, rien n'y fait ! Je suis horrifié, incapable de bouger, complètement paralysé. J'ai besoin d'aide, je dois alerter Victoria. Hélas ! pas un son ne franchit mes lèvres. Je force ma respiration et, bien qu'il m'en coûte, je parviens enfin à me faire entendre.

— Qu'est-ce qui t'arrive ?

N'obtenant pas de réponse, elle m'agrippe à bras le corps et me retourne. Elle frémit devant mes yeux ouverts. J'amplifie autant que possible ma respiration, afin de lui faire comprendre ma détresse. Paniquée, elle me saisit sous les aisselles et parvient à me hisser en position assise. À peine suis-je dans cette position, que ma tête bascule contre mon épaule. Éperdu et impuissant, je fixe mon amie. Je suis affalé, un véritable pantin cloué sur le lit. Imaginant un blocage momentané, Victoria me secoue alors d'avant en arrière, dans l'espoir de me débloquer. Elle s'acharne et, quelques secondes plus tard, je parviens enfin à lever la tête, puis à regarder autour de moi. Mes facultés me reviennent, Je reprends mes esprits :

— Désolé, Victoria.

J'ai tout juste le temps de prononcer ces mots, que ma tête retombe sur mon épaule. Seuls mes yeux sont encore mobiles. Le processus se reproduit à quatre reprises. Attentive, Victoria se retient de s'endormir. Elle me berce d'un gros câlin, me veille un long moment et s'assure que je me suis bien endormi, avant de se laisser aller à son tour.

Cette nuit-là, je me réveille à trois reprises. La première fois, je ne sais plus où je suis. Me croyant à la maison, dans mon lit, j'écarte les jambes comme de coutume. Ma jambe gauche heurte Victoria, les faits me reviennent alors en mémoire. Je l'observe quelques minutes dans son sommeil, puis me rendors.

Je suis dans la chambre de Victoria, la porte est ouverte. Cette porte se trouve étrangement au pied du lit et elle bouge comme si quelque chose venait d'entrer en la bousculant. Sous les couvertures, un tout petit bruit attire mon attention, mais je ne parviens pas à l'identifier. Il fait très noir, je n'y vois goutte. Brutalement, quelque chose s'empare de Victoria et la traîne par les pieds hors du lit.

Mon réveil est si brutal que Victoria se réveille à son tour. Elle me découvre couvert de transpiration, haletant.

— Qu'est-ce qui t'est arrivé ?

Je tente de lui décrire mon cauchemar. J'ai le sentiment qu'il aurait pu se produire, tant la scène est réaliste. Je la vois encore traînée par les pieds. Le cauchemar est tellement présent en moi, que je ne parviens pas à l'oublier. Allongé sur le dos, je m'apaise peu à peu en voyant mon amie paisiblement allongée à mes côtés. Elle s'est rendormie. Elle dort si sereinement que je vais peut-être pouvoir m'assoupir à mon tour. Elle va bien, je n'ai plus rien à redouter, je peux me laisser aller...

Je tente de me placer en position d'endormissement, la tête tournée vers le mur, mais mon cou ne m'obéit plus. Je m'affole, m'efforce d'agiter les bras pour alerter Victoria, mais c'est trop tard. J'arrive tout au plus à imprimer quelque légères saccades de la tête et ce faible mouvement me perd cette nuit-là. En produisant ces saccades, ma tête bascule en arrière vers le mur et mon menton heurte mon épaule droite. Le stress me dévore et accélère ma respiration. À cet instant, je comprends qu'en obstruant ma trachée, cette position m'empêche de respirer. L'oxygène me manque. Je dois agir, trouver une solution.

Je tente à plusieurs reprises de repositionner ma tête, mais mes saccades sont si misérables et me coûtent tant d'efforts, que ma tête rebascule inexorablement vers l'arrière. Ma tête pèse une tonne. Impossible de la relever d'un millimètre. Victoria dort paisiblement à côté de moi, alors que chacun de mes efforts m'étouffe un peu plus. Le temps passe, une éternité... Alors que je suis sur le point de perdre conscience, mon cou se redresse et je peux enfin respirer. Je m'assois quelques minutes sur le lit, me masse le cou, tente d'apaiser mes tensions. Je suis oppressé, j'ai le cœur dans un étau. Je parviens malgré tout à me rendormir, vingt à trente minutes plus tard.

Titulaire.

Au lever, je suis fatigué, exténué. J'ai mal aux yeux, comme si la pression du sang qui les irrigue était trop grande. Je descends à la cuisine, les pieds lestés de plomb. Mes yeux sont rouges ; la maman de Victoria ne manque pas de le remarquer et demande à son jeune fils de baisser le son de la télévision. Elle sent que le bruit m'est insupportable. J'avale mon petit déjeuner sans entrain, incapable de me ressaisir.

— Tu ne veux pas te recoucher ? Tu sembles à bout.

— Je vous remercie, mais je dois y aller. Nous avons des tests aujourd'hui. En plus, nous sommes jeudi et cet après-midi, nous recommençons la natation. Si je rate le cours, je devrai tout rattraper la prochaine fois. Et je dois dire que ces temps-ci, je me sens incapable de faire davantage que ce qui nous est demandé. Je ne peux vraiment pas me permettre de rater le cours de natation...

Je finis avec peine de déjeuner et nous prenons le chemin de l'école en voiture. J'arrive juste à temps pour le cours de technique d'animation ludique, et j'apprends que la prof est absente ce matin. Nous devions passer des tests, mais rien n'est changé au programme : elle a confié les copies à un éducateur, qui surveillera l'épreuve.

— On se retrouve en salle d'étude ! crie l'éducateur.

Mon état empire, j'ai du mal à tenir sur mes jambes. J'ai hâte de rentrer dans la salle d'étude afin de m'asseoir.

— Installez-vous. Un élève par banc.

Je me précipite au fond de la salle, sur le banc le plus éloigné du bureau de l'éducateur. Je vais enfin pouvoir souffler. Hélas ! Rien à faire, je n'arrive pas à me reprendre, mes dernières forces m'abandonnent. L'éducateur me donne ma copie, c'est un test sur 40 points. Je m'empare de mon stylo et parcours les questions. Ouf ! je vais m'en sortir, ça n'a pas l'air compliqué. D'ailleurs, je me souviens de ce que j'ai étudié la veille. J'inscris mon nom, mon prénom et, au moment où je m'apprête à porter la date, je sens tomber mes paupières.

Quand la sonnerie retentit, j'ouvre les yeux et relève brusquement la tête, surpris de constater que je ne suis pas dans ma chambre. Je me frotte les yeux et tente de reprendre mes esprits.

— Mais où je suis ?

Je tourne la tête de droite à gauche, étonné de me trouver en salle d'étude, avec devant moi une bande d'élèves appliqués à répondre à un questionnaire. Mon regard tombe alors sur les feuilles posées devant moi. Tout me revient, mais il est trop tard : l'éducateur passe entre les bancs afin de relever les copies. Muet et anéanti, je lui tends mes feuilles blanches.

Je ne sais pas comment je vais pouvoir continuer. En deuxième heure, j'ai science humaine. Mes jambes ne me portent plus, les yeux me brûlent, mes pensées se télescopent, tout m'échappe. Je suis dans l'état d'une personne qui n'aurait pas dormi pendant une semaine. J'ai perdu la notion du temps, je suis vidé de mes forces, je ne sais plus d'où je viens, où je dois aller. Je n'ai pas la moindre idée de ce qu'on attend de moi. Un zombie ! Je franchis le seuil de la salle de cours. Un groupe d'élèves se tient debout au fond de la classe. Je me précipite et m'affale sur le banc, tout près d'eux.

Je suis vraiment à l'ouest, vide de toute pensée. Je n'ai qu'une idée en tête : m'allonger sur mon lit. Je suis complètement perdu, incapable de me souvenir de ce qui m'a mis dans cet état. Je décide alors tout simplement d'attendre qu'on me dise ce que je dois faire.

Dix minutes passent, je suis prostré sur mon banc, les yeux perdus. J'entends vaguement parler autour de moi, mais je n'ai pas la moindre idée de ce qui se dit. Je suis totalement déconnecté. Pourtant, mon état n'alarme personne, pas un seul camarade de classe n'alerte le professeur ou un éducateur. Si ! L'un d'eux me fait remarquer :

— Tu n'as pas l'impression de ne rien foutre ?

Aujourd'hui, la journée est particulièrement chargée. Or, je passe les quatre heures de cours de la matinée à dormir. Je ne vais pas tenir le coup : il est midi et, à 12h15, j'ai rendez-vous sur le parking de l'école avec mon professeur de natation. Elle doit me conduire en voiture à la piscine.

Je m'installe à l'arrière de la voiture et m'apprête à mordre dans le sandwich que je viens d'acheter. À vrai dire, je n'ai pas vraiment faim, mes médicaments me coupent l'appétit. Il est pourtant hors de question d'arrêter de m'alimenter correctement. J'ai besoin de forces. Et puis, je redoute tellement le piège de l'anorexie ! S'ajoute un troisième effet secondaire : pris le ventre vide, les médicaments provoquent des crampes d'estomac. Mon geste est brutalement interrompu :

— On ne mange pas dans ma voiture, merci !

Durant tout le trajet, je me demande comment je vais avaler mon sandwich. Je ne peux absolument pas m'en passer.

Elle se gare devant la piscine et nous demande d'attendre avant d'y pénétrer. Elle a des explications à nous donner. Fatigué, je m'assois sur un muret et tente de lui prêter une oreille attentive :

— Comme vous le savez, vous passez les examens pratiques de natation deux par deux. Comme vous êtes quinze, l'un de vous passera les examens seul. Je vous accorde le choix de votre partenaire, mais de préférence, choisissez-en un de votre niveau. Je suis seule pour vous évaluer. En conséquence, je souhaite que les élèves qui attendent leur tour restent bien calmes afin de ne pas distraire leurs camarades. Bien sûr, pour vous échauffer, et au lieu d'attendre sans rien faire, vous pouvez faire des longueurs dans le couloir d'eau libre.

Après avoir expliqué plusieurs fois la manière dont les examens allaient se passer, elle ajoute qu'exceptionnellement, nous n'aurons pas de temps libre à midi aujourd'hui. Néanmoins, pour nous permettre de manger nos sandwichs, les deux heures de natation seront réduites à une heure trente.

À son signal, nous entrons en silence dans la piscine et nous dirigeons vers les vestiaires individuels. J'éprouve beaucoup de difficultés à me préparer, je sens mes jambes flageoler. Privé d'énergie, je m'assieds sur la banquette du vestiaire. J'ai la tête qui tourne et je commence à stresser. J'ai peur de rater mes examens de natation. En fait, je suis tellement fatigué que je crains de ne pouvoir aller jusqu'au bout.

Il est temps de me préparer, les autres ont déjà quitté les vestiaires, je n'entends plus aucun bruit. Après avoir suspendu mon sac au porte-manteau, j'enfile mon bonnet de bain, passe sous la douche et rejoins enfin les autres, groupés autour du plongeoir.

On commence par le 200 mètres brasse, suivi du 200 mètres quatre nages. Les épreuves se déroulent parfaitement, j'adore nager. Quand tous les élèves sont passés, intervient la troisième épreuve, celle que j'apprécie le moins.

— Alignez-vous contre le mur. Silence, s'il vous plaît ! Vous allez maintenant passer la troisième épreuve, le test du sauveteur.

En quelques mots, elle nous remémore les règles de l'épreuve.

— Rappelez-vous : en faisant le saut du sauveteur, ne tombez pas sur la victime ! Et n'oubliez pas le positionnement des mains. À chacun de mes « top », vous changerez la position de vos mains, comme vous l'avez appris.

Elle n'en finit pas de nous rappeler la procédure, et en arrive à la conclusion :

— Le but est de remorquer le noyé sur une longueur de 25 mètres et de le ramener sain et sauf... Des questions ?

— Vous venez de dire que le remorqueur n'a pas le droit de toucher le fond de la piscine. C'est impossible...

— Que voulez-vous dire ?

— Moi, par exemple, je mesure plus d'un mètre quatre-vingt. Les dix derniers mètres de piscine ont une profondeur d'à peine un mètre dix. Comment voulez-vous que des gens comme moi ne touchent pas le fond ?

— Débrouillez-vous ! Nous n'avons pas le temps de changer les règles. Bon, allez, on y va !

Je fais équipe avec Maxime, qui a un gabarit proche du mien. C'est la règle : les deux partenaires doivent avoir sensiblement le même poids et la même taille. Je renoncerais volontiers à cette dernière épreuve, non pas que je la redoute, mais les deux premiers examens m'ont complètement épuisé. Pourtant, je n'ai pas le choix, je dois passer l'épreuve du sauveteur sous peine de recevoir un zéro.

Arrive enfin notre tour. Je dois retrouver mon énergie. Assis contre le mur, j'ai du mal à me lever. Maxime est déjà entré dans la piscine. Le professeur se tourne vers moi :

— Qu'est-ce que vous attendez ? Allez-y !

Je saute à l'eau. Je commence à remorquer Maxime, quand je sens s'alourdir mes jambes. Je serre les dents et sens faiblir mes bras, alors que je viens de passer en phase deux, autrement dit, le changement de position des mains. Mon professeur suit ma progression en marchant sur le bord de la piscine. J'en suis à la moitié de l'épreuve, je puise au plus profond de moi-même pour trouver l'énergie utile. Je n'ai pas le droit d'échouer, je veux à tout prix réussir cet examen. Je vais réussir, quoi qu'il m'en coûte ! Au quatrième « top », je change une dernière fois la position de mes mains comme convenu. J'ai de plus en plus de mal. Si je parviens à maintenir la tête de Maxime hors de l'eau, moi, en revanche, j'ai plusieurs fois la tête sous l'eau. Nous atteignons la petite profondeur du bassin. Je me démène pour ne pas toucher le fond, je réussis à lever au plus haut mes jambes tout en évitant de toucher Maxime, de l'assommer de coups de genoux. J'y suis presque, un dernier petit effort et ce sera bon. J'y crois, mon professeur y croit, elle aussi. Elle m'encourage de la voix.

— C'est bon, plus que deux mètres !

À cet instant précis, mes jambes se dérobent et je lâche prise. Je me retrouve sous l'eau à boire la tasse.

« Mais qu'est-ce qui s'est passé ? Pourquoi j'ai craqué au dernier moment ? »

Je suis complètement déconcerté, je mets plusieurs secondes à remonter à la surface. Le professeur a une explication :

— Vous n'auriez pas dû prendre la position de mains la plus difficile sur la fin...

J'en ai les larmes aux yeux, je déborde de colère. En approchant du bord, j'assène un violent coup de poings sur le carrelage de la piscine. Devant ce geste, mon professeur se tait et préfère arrêter ses critiques. Elle s'éloigne de moi et rejoint les autres élèves.

Moi, je ne bouge pas. Je joue et rejoue encore une fois la scène dans ma tête. Qui s'est-il donc passé ?

Le professeur sonne le rassemblement. Je m'apprête à quitter le bassin, quand se produit un phénomène qui me prend de court. Cette sensation m'était jusqu'alors inconnue. C'est comme si je n'avais plus de membres inférieurs. Je dégringole, mon dos heurte brutalement le sol. Intriguée, mon professeur s'approche :

— Qu'est-ce qui vous arrive ?

Son ton est léger, curieux tout au plus. Lourd d'agressivité, je réponds sèchement que je n'en ai pas la moindre idée.

— Probablement une chute de tension. Allongez-vous un moment sur le dos et gardez les jambes en l'air, ça va passer.

Je tente de suivre son conseil, mais mes jambes ne répondent plus. Elle se penche alors sur moi, me soulève les jambes, puis s'éloigne pour poursuivre son cours. Mes jambes retombent instantanément sur le sol. Je reste une dizaine de minutes à terre avant de reprendre le contrôle et réussir à me relever. Je l'apprendrai plus tard, ceci est un nouveau symptôme propre à ma maladie : une cataplexie partielle.

Impossible de recommencer l'épreuve. Je suis gentiment invité à retourner au vestiaire. Tout le monde est convaincu que je viens de vivre une banale baisse de tension. Je les laisse dire, je n'ai ni la force ni la patience d'expliquer à mon professeur que je viens de vivre un phénomène d'exception. De toute façon, elle a mieux à faire. Je prends appui sur le toboggan juste à côté de moi et réussis avec peine à me lever. Je suis à bout de force, à bout d'espoir. Je respire difficilement et je pleure. J'en ai marre que cette maladie me suive partout : dans mon lit, au sport, à l'école, le soir, quand je suis dans les bras de ma copine. Je ne connais pas de répit, je veux qu'on me laisse tranquille, qu'on me laisse respirer. Je veux aussi que quelqu'un comprenne enfin tous les efforts que je déploie.

Je reste collé à mon toboggan jusqu'à la fin de l'heure de natation. Mes amis passent derrière moi, le regard brillant de curiosité. L'un d'eux s'attarde pour me rassurer :

— Ne t'inquiète pas, Jonathan, ne pleure pas. Ton examen, tu finiras par le réussir.

C'est gentil de sa part, mais ça me fait une belle jambe. Cet échec n'est rien, comparé à ce nouveau symptôme de la maladie. Je suis tombé brutalement sur le sol en sortant de la piscine, je suis resté allongé par terre plus de cinq minutes sans pouvoir bouger. Je me suis débrouillé seul pour me remettre debout et m'agripper au toboggan, alors que mes jambes menaçaient de flancher à chaque pas. Cela crevait pourtant les yeux que j'étais au plus mal, cela crevait les yeux que j'avais besoin d'aide, l'aide d'un adulte. Or, la seule personne qui soit venue vers moi est un élève qui s'est inquiété avec sollicitude de mon échec à l'épreuve !

Regroupés devant la piscine, nous attendons les retardataires. Je me sens toujours aussi mal. Je tente de me ressaisir en m'asseyant sur un muret, à quelques mètres de là. Quand sort le dernier élève, le rythme s'accélère. Nous n'avons pas une minute à perdre si nous voulons arriver à l'heure au cours de néerlandais qui suit.

— Vous reviendrez au cours quand vous serez dans un état décent !

Le professeur de néerlandais m'a découvert endormi. Elle m'expulse de la classe, offusquée, et ne peut s'empêcher d'ajouter après mon départ :

— Si Jonathan ne se sent pas bien, je préfère qu'il aille dehors, plutôt que de le voir dormir durant mon cours.

Un élève bien intentionné m'a rapporté ces propos.

Je descends d'un étage en direction de la salle des professeurs. Je passe devant le bureau de la directrice. Cette dernière, étonnée de me voir dans les couloirs durant les heures de cours, m'interpelle :

— Jonathan, viens ici s'il te plaît !

Je reviens sur mes pas et m'immobilise devant son bureau. Elle m'invite à entrer.

— Où vas-tu ?

— À la salle des professeurs, je voudrais parler à ma titulaire.

Elle se lève instantanément.

— Attends dans le couloir ! Je vais la chercher.

La directrice a rejoint son bureau Quelques minutes plus tard, ma titulaire sort de la salle des professeurs.

— Bonjour Jonathan. Tu veux me parler ?

— Madame, êtes-vous au courant de mon problème ?

— Bien sûr, je m'y suis intéressée ! Pourquoi cette question ?

— Dans ce cas, vous savez ce qu'est une paralysie avec hallucination hypnagogique ?

— Euh non… Qu'est-ce que c'est ?

— C'est l'un des symptômes de ma maladie, madame, et il y en a d'autres. (Elle est visiblement surprise.)

— Ah bon ? Je ne savais pas.

— Madame, avez-vous internet chez vous ?

— Oui, pourquoi cette question ?

— Eh bien, vous venez de me dire que vous vous êtes intéressée à ma maladie ! Si vous avez encore un peu de temps et si vous vous souciez un tant soit peu des problèmes de vos élèves, tapez donc « Narcolepsie » dans le moteur de recherche. Un tas de sites vont s'afficher. Vous saurez enfin tout sur les endormissements d'un narcoleptique. Vous apprendrez que pour un narcoleptique, lutter contre le sommeil relève de l'impossible.

— Qu'attends-tu de moi, Jonathan ?

— J'ai besoin que vous compreniez que je n'en peux plus d'être sanctionné pour un oui ou un non. Il faut que vous compreniez ceci : quand je m'endors, je n'y suis pour rien. Vous devez aussi savoir que les choses ne vont pas s'arranger, que ma maladie progresse.

Je n'ai pas l'impression qu'elle ait envie de m'entendre, je ne suis pas sûr qu'elle se sente concernée… Elle m'interrompt et me dit avec gentillesse :

— Je vais en parler aux autres professeurs.

Elle se donne quelques secondes, puis ajoute :

— Écoute Jonathan, pourrais-tu obtenir de ton médecin un certificat qui mentionne avec précision ta situation ? Ça nous aiderait à comprendre.

Sa demande me prend de court et me blesse. Ma voix claque quand je l'interroge :

— Attendez… Est-ce que cela voudrait dire que vous ne me croyez pas ? Si c'est le cas, dites-le tout de suite !

— Non, mais tu dis toi-même que la maladie s'apprécie au cas par cas, que certains patients ont des symptômes plus graves que d'autres.

— Si je vous comprends bien, vous me demandez de vous ramener un certificat décrivant les symptômes que vous pouvez constater de vos propres yeux, à chacun de vos cours ? C'est bien ça ?

— Oui.

— Conclusion, tout ce que je vous ai dit au fil du temps n'a servi à rien ! Vous avez vu mon état se dégrader en classe, je vous ai expliqué plusieurs fois le problème. À chaque fois, je vous ai décrit la maladie. Et tout ça pour rien ! À chaque fois, vous vous êtes engagée à tenir compte de ce que je vous disais. En réalité, rien n'a changé. Et maintenant, d'après vous, pour que ça change, je devrais vous fournir une attestation signée du médecin ? Mais c'est complètement ahurissant, purée ! Et après, qu'allez-vous me demander ? Les résultats de mes tests de sommeil ? Les résultats de mon électroencéphalogramme ou ceux des prises de sang ? Si je comprends bien, c'est au vu de ces certificats et résultats que vous déciderez peut-être de me traiter différemment, que vous arrêterez d'exiger de moi l'impossible ? Génial, me voilà rassuré ! (Je poursuis sur un ton sarcastique.) J'ai quand même une crainte : je ne suis pas certain de pouvoir réunir tous ces documents avant la fin de l'année. Ça risque de vous laisser peu de marge pour vous intéresser à moi. !

Je conclus, désabusé :

— Le plus marrant, c'est que je vous ai déjà fourni un certificat médical.

— Oui, c'est vrai, mais il est incomplet. Il ne nous donne pas assez d'éléments pour savoir précisément ce dont tu es capable et ce qui te pose problème.

— Doit-il noter mon poids de naissance, aussi ?

Mes sarcasmes, ma colère, ma frustration, rien n'a de prise sur elle. Elle met un terme à notre échange en affirmant :

— Jonathan, sans cela, je ne peux rien pour toi.

— C'est bon, vous les aurez vos papiers ! Je me demande ce que je deviendrais sans vous...

Nous nous séparons et je reprends le chemin de la classe. Je frappe à la porte. Le professeur est visiblement agacé d'avoir dû interrompre son cours pour m'autoriser à entrer. Son regard est tout, sauf accueillant. Je suis l'intrus qui perturbe l'harmonie de son cours.

Je m'assieds et passe le reste de l'heure de cours à méditer, la tête posée sur mes bras, le regard perdu vers le tableau. Je cherche une explication logique à la demande de mon enseignante principale. Je n'en trouve pas et j'en viens à conclure qu'elle aussi me prend pour un petit rigolo, que pour elle aussi, comme pour la plupart de mes profs, je joue la comédie. De plus, je ne me vois pas aller demander à mon neurologue un rapport sur mon compte. Mon état est complexe et évolue au fil du temps. Il lui faudrait un livre pour décrire mes peurs, mes cauchemars, mes somnolences, mes pertes de motricité… C'est aussi absurde qu'inutile de le lui demander.

Un doute m'effleure : mes professeurs me prendraient-ils pour un sado habile à les tourmenter, à les mettre hors d'eux ? Ou peut-être me prennent-ils plutôt pour un maso trop heureux de se faire reprendre à toute occasion ? Oui, ça doit être cela ! Je suis un maso qui s'acharne à passer pour un fainéant, un moins que rien, pour attirer leur attention et les forcer à multiplier les remontrances et punitions.

Trop génial ! Même ma titulaire* doute de ma bonne foi.

*Enseignant principal/titulaire de secondaire : la mission fondamentale du professeur principal est de veiller à l'unité de la classe. La classe est une communauté dont les membres doivent être accueillis de manière à faciliter une adaptation mutuelle et une compréhension réciproque. Il devra amener ses collègues à réfléchir sur les objectifs à atteindre, tant sur le plan de l'enseignement que sur celui de l'éducation. Il lui appartiendra de coordonner les actions de tous, d'introduire une certaine homogénéité quant à l'appréciation des exercices et aussi d'établir des bilans. Il devra favoriser les relations entre les élèves et les différents responsables et permettre une meilleure compréhension entre les délégués de classe et leurs camarades, ainsi qu'entre les adolescents et les adultes (Référence : circulaire du 23 septembre 1960).

Mélodie.

Plusieurs semaines se sont écoulées. Mon neuropsychiatre est étonné de la demande de mes enseignants, mais il accepte de fournir un document qui rend compte de mon état de santé actuel. Mon père prend les rênes et décide d'aller en personne le déposer à l'école. Je crois même qu'à cette occasion, il a une petite discussion avec ma titulaire.
Je respire enfin. Cela ne peut qu'aller mieux, je vais enfin souffler un peu. Hélas ! cette fois encore, je me trompe lourdement.

Nous avons de plus en plus de travaux pratiques, l'ensemble des élèves croule sous la tâche. Autant dire que pour moi, c'est mission impossible. Rien n'a été fait pour tenir compte de ma situation, le certificat du médecin n'a servi à rien. Aucun changement. On ne m'épargne pas plus qu'hier. Mais je mords sur ma chique…

18h00.

Je suis seul dans ma chambre, les yeux braqués sur mon cours de math. Il m'est difficile de terminer mon exercice. Je dois sans cesse me lever et faire les cent pas afin de ne pas succomber à la fatigue. Une vingtaine de minutes plus tard, je termine enfin mon travail. Un coup d'œil sur mon journal de classe pour vérifier ce qui me reste à faire… Je suis loin d'en avoir fini : je dois encore trouver plusieurs animations ludiques pour animer des enfants, puis les décrire convenablement sur des fiches de jeux.

Je m'attèle à la première tâche. Je ne vais pas y arriver, je le sens. Le besoin de sommeil se manifeste, de plus en plus pressante. Mes doigts faiblissent, mon stylo me tombe des mains. Je me lève avec difficulté, ferme le volet, me déshabille avec peine, puis je me jette sur le lit. J'empile mes coussins et y plonge ma tête.

À peine suis-je confortablement allongé, que mon corps se fige. Instinctivement, je me débats afin de m'assoir. Je ne devrais plus paniquer : je suis désormais habitué à ces attaques de paralysie. Pourtant, rien n'y fait, je m'affole toujours autant. J'ai, profondément inscrite en moi, la peur immonde de demeurer à jamais figé, cloué à mon lit. Alors, je déploie une énergie folle, mon corps est trop lourd, je sens que c'est peine perdue, mais je continue à lutter.

Tout à coup, je reprends le contrôle de mon corps pendant un bref instant. Pris dans l'élan, je me retrouve en position assise. Je n'en crois pas mes yeux : j'ai gagné contre cette saloperie. Ma détermination a enfin été récompensée. Je contemple mes bras, sidéré d'en avoir retrouvé la pleine maîtrise. Mais ma victoire est de courte durée : la réalité me frappe en plein visage, je sens à nouveau mon corps s'affaisser sur le matelas. Le choc est brutal, ma tête bascule vers la gauche et se fige. Je suis là, corps inerte livré à la pénombre, scrutant ma chambre, quand soudain, je perçois un sifflement : on vient d'ouvrir la porte qui mène à l'escalier.

« Mais je suis seul dans la maison ! Qui est entré ? Il faut que je me lève. »

Impossible de m'échapper, mon corps ne répond pas. J'entends ricaner en bas. Quelqu'un monte les escaliers d'un pas lourd, il sifflote doucement une mélodie. Sa façon de siffler m'angoisse tellement ! Il me fait songer à un psychopathe qui se délecterait de la présence d'une proie totalement à sa merci. Je suis paniqué, j'essaie de crier à l'aide, d'alerter quelqu'un, mais aucun son ne franchit mes lèvres. Je suis impuissant, capable seulement de percevoir les pas à la fois lourds et mesurés qui viennent d'atteindre ma porte. La mélodie s'interrompt… Je tressaille… La porte de ma chambre s'ouvre.

Entre une forme enveloppée d'un long manteau noir. C'est un homme ! Une capuche lui recouvre le visage. Ma peur croît à chacun de ses pas. Il s'arrête et s'agenouille à ma hauteur. Il fait trop sombre pour que je puisse distinguer ses traits. Avec effroi, je l'entends ricaner. Je me bats désespérément, ma tête se soulève de quelques centimètres, puis retombe à nouveau sur le lit. L'intrus avance lentement sa bouche à la hauteur de mon oreille. Il me chuchote :

— Vas-y, lutte ! Si tu fais encore un seul mouvement, je t'égorge.

Cette phrase me submerge de terreur ! Ma réaction est immédiate : je parviens à reprendre le contrôle de mon corps et à viser du poing le visage de ce fou. Mais je me cogne l'épaule à ma table de nuit et tombe par terre. Désorienté, je m'assieds par terre, balayant la pièce du regard.

Personne... ! Il a disparu. Ce fou à disparu ! Je me lève difficilement et allume la lumière. Ses paroles sonnent en écho dans ma tête. « Si tu fais encore un seul mouvement, je t'égorge ; si tu fais encore un seul mouvement, je t'égorge… » Je dois chasser cette menace de mon esprit. Quoi de mieux qu'un film comique ? Je quitte ma chambre, descends les escaliers et vais m'installer devant la télévision.

Lendemain, 7h55.

Je roule en direction de l'école. J'aurais dû m'assurer d'avoir terminé tous mes devoirs. Je suis angoissé à l'idée de recevoir encore un zéro, mais je n'ai pas eu le temps d'ouvrir mes cahiers ce matin. J'ai eu tellement de mal à me lever ! J'ai seulement eu le temps de me laver avant d'enfourcher ma mobylette.

Arrivé sur le parking, je retire le pantalon qui me protège du froid. La sonnerie retentit, alors que je viens de le déposer dans mon coffre. J'accélère le pas, me dirige vers la cour et rejoins les rangs de mes camarades de classe.

— JONATHAN, viens ici s'il te plaît !

La sous-directrice a le regard fixé sur sa montre.

— Tu es en retard. Direction : le bureau de la directrice !

— Ok.

Les quelques mètres que je viens de parcourir m'ont épuisé, je n'ai pas la force de discuter. Elle ouvre la marche, je la suis docilement. Je regarde derrière moi et vois mes camarades entrer en classe.

— Assieds-toi !

La sous-directrice prend place à côté de la directrice. Elles me dévisagent.

— Jonathan, tu sais l'heure qu'il est ? demande la directrice.

— Oui.

— Tu ne nous as pas habituées à tous ces retards, Jonathan. L'an passé, tu étais très ponctuel et, depuis peu, tu es tous les jours en retard.

Je ne réponds pas, mon regard se perd dans le vide.

— Désolée, mais je vais devoir sévir : tu iras deux heures en retenue mercredi après-midi !

J'acquiesce mollement et quitte le bureau après avoir récupéré mon journal de classe annoté par la directrice. Je rejoins alors ma classe, frappe à la porte et entre. Ce matin, nous commençons par le cours de psychologie. Tous les élèves sont au fond de la classe. Je ne sais pas ce qui lui prend, mais la prof a envie de nous faire changer de place.

— Installe-toi au premier rang, Jonathan.

Spontanément, je me dirige vers la gauche, mais elle intervient :

— Non, non, tu te mets à droite.

C'est la pire des places. Elle est exposée aux regards de tous. D'ordinaire, je partage le banc de gauche avec Florian. Placé à côté du mur, ce banc protège du regard des autres. Aujourd'hui, Florian a ce banc pour lui tout seul et il en profite pour s'installer du côté le moins exposé, c'est-à-dire à mon ancienne place. J'enrage. Si je m'endors, même l'élève du fond le verra. J'en viens à me demander si le prof ne l'a pas fait exprès. Je m'attends à tout, désormais. Le cours commence et, à ma grande surprise, je reste éveillé une bonne vingtaine de minutes. Mais c'est trop beau, ça ne dure pas. Arrive le moment où mes paupières commencent inexorablement à tomber. Je place mes coudes sur le banc et dispose ma tête sur mes mains. Je ne suis pas de taille à résister, ma maladie ne tolère pas de concessions, elle a toujours raison de moi.

Je lutte pour me tenir éveillé. Pourtant, c'est injuste de tout attribuer à la maladie. Florian est à deux doigts de s'endormir, lui aussi. Il succombe à la monotonie du cours, un véritable somnifère. De loin, je lui souris en voyant ses yeux se fermer. Il me rend mon sourire. J'ai la chance de partager le plus souvent mon banc avec lui. C'est un véritable ami. Il n'y a chez lui ni sarcasme ni critique quand je m'endors. Il me comprend et s'abstient toujours de me juger.

J'en suis encore à me battre contre le besoin de dormir, quand je tressaille à la voix du professeur :

— FLORIAN, dis… ! Ce n'est pas parce que tu occupes maintenant la place de Jonathan que tu seras excusé si tu t'endors !

Cette remarque est d'autant plus difficile à entendre qu'elle émane du professeur de psychologie. Elle connaît pourtant ma maladie. Il y a peu, son cours portait sur les maladies handicapantes, dont la narcolepsie. Nous avons même eu une interrogation sur ce thème.

Les yeux braqués sur son sourire sarcastique, je ne bronche pas. Sa blague de potache ne mérite pas d'être relevée. Je n'ai qu'une envie : me lever, prendre ma chaise et l'éclater sur sa tête. Peut-être comprendra-t-elle alors à quel point une blague peut blesser. Je reste un moment figé puis, quelques secondes plus tard, je me lève et sors de la classe. Je dois m'éloigner le plus possible de cette classe.

Dans les couloirs, je croise un éducateur, étonné en me voir vaquer dans les couloirs. Il me demande des explications. Heureusement, les éducateurs de cette école ont, à eux seuls, plus de pédagogie que l'ensemble de mes instituteurs. À l'écoute de mes explications, il me propose de sortir prendre l'air. Je respire et marche de long en large pendant plus d'une demi-heure. Je ne me sens pas bien, je suis heurté par l'attitude du professeur et, de plus, je vais recevoir mon bulletin en deuxième heure. C'est comme ça tous les vendredis. La titulaire nous le remet durant son cours.

Lorsque la sonnerie retentit, je regagne la classe. La titulaire entre, et nous avons droit au couplet du vendredi :

— Ne vous laissez pas décourager, vous pouvez rattraper les mauvais points, vous en êtes capables…

J'ouvre mon bulletin et je commence à éplucher les colonnes de points. Ce n'est pas brillant, loin de là. Je ne suis pas surpris, mais la dernière note retient particulièrement mon attention. Pour la première fois de ma vie, je me suis planté en athlétisme. J'essaie de me remémorer les cours, mais rien de marquant ne me vient à l'esprit. Intrigué, j'interroge ma titulaire, qui est aussi notre prof d'athlétisme.

— Ça te surprend ?

— Ben oui, je ne comprends pas du tout ma note.

Elle sort de son sac un cahier de notes et repère mon nom :

— Il y a eu cinq épreuves. À trois épreuves, tu as de très bonnes notes ; à la quatrième, tu as un peu plus de la moitié, mais à la dernière, tu as 0.5/10 !

— QUOI ? 0.5/10 ! Je ne sais même pas à quelle épreuve vous auriez pu me coller un 0.5/10.

— Tu te souviens, la semaine dernière, je vous ai demandé de faire le tour de l'école ?

— Oui, c'était en tout début d'après-midi. Je ne me sentais pas bien du tout. Et si je me souviens bien, je vous ai prévenu de mon état juste avant de courir.

Ma voix trahit ma colère et mon désarroi.

— Eh bien ! Ce jour-là, tu as couru sept tours. Or, les garçons doivent en faire neuf pour obtenir la moyenne. Alors, sept, bien sûr…

— Vous plaisantez ? 0.5/10 alors que je me suis donné du mal ? J'aurais pu être dispensé de l'épreuve en produisant un certificat médical. Mais non, j'ai fait l'effort de courir et voilà comment on me récompense ! C'est vraiment une blague ?

Elle ne comprend rien à ma colère. Tout au plus est-elle surprise :

— Mais Jonathan, c'est ainsi : sept tours pour un garçon, ça vaut 0.5/10. Je n'y peux rien.

J'assène mon dernier argument :

— J'aurais dû m'abstenir de courir J'aurais récolté un zéro, ça n'aurait pas fait une grande différence. Oui, j'aurais dû me reposer plutôt que de courir dans l'état où j'étais.

Découragé, je regagne ma place. Je sais que c'est peine perdue que de vouloir discuter avec elle. Elle m'a mis un 0,5 et ne reviendra pas sur sa note. J'aurais tellement aimé qu'elle me dise qu'elle se souvenait effectivement de mon état, ce jour-là, et que je méritais davantage. J'aurais aimé qu'elle me dise qu'elle avait effectivement été dure dans sa notation. J'avais besoin qu'elle me dise que c'était effectivement courageux d'avoir couru. Elle m'aurait apaisé en me proposant que nous prenions un peu de temps pour discuter et faire le point ensemble. Mais non ! On dirait que pour les professeurs, seul compte le résultat. Il ne reste plus de place pour l'élève, pour l'humain, pour sa demande d'écoute.

Je me sens découragé, impuissant, discriminé... J'ai l'impression que si un élève n'est pas dans la norme, s'il souffre d'une pathologie invalidante, les professeurs ne veulent pas le voir. Dans mon cas, aucun d'entre eux ne s'est réellement penché sur la narcolepsie, aucun n'a sérieusement tenté d'en comprendre les mécanismes. À leurs yeux, je suis une espèce d'anomalie, un empêcheur de tourner en rond. Je n'en peux plus de cette espèce de harcèlement moral, je me sens victime.

Après avoir reçu le bulletin, le mercredi, je vais en retenue, celle reçue à cause de mes retards. Trois fois en une heure, la personne chargée de nous surveiller m'interpelle à cause de mes endormissements soudains. Sa troisième intervention me met hors de moi. Excédé, je quitte la salle. Je ne veux plus l'entendre ! Me voici à nouveau dans le bureau de la directrice. Je ne sais quoi lui dire, je tente maladroitement de m'expliquer, mais je sais qu'aucune de mes paroles ne pourra la convaincre ou la toucher. Cet après-midi-là, je me résous donc à consulter mon médecin qui me prescrit deux semaines d'arrêt.

— Tu es à bout, là, Jonathan. Tu ne vas pas tenir, tu es à bout de nerfs. Il faut vraiment que tu te reposes.

Les deux semaines se sont écoulées. Je panique à l'idée de retourner à l'école, je sens que je ne tiendrai pas jusqu'à la fin de l'année. Il reste quatre mois, et c'est au-dessus de mes forces. Je rencontre une première fois la directrice, puis nos rendez-vous se multiplient. Elle semble avoir pris conscience de mon état et s'ingénie à trouver des solutions qui me simplifieraient la vie. Elle me propose plusieurs alternatives : arriver plus tard le matin, dormir sur le temps de midi, rattraper à la maison les cours que je n'ai pas suivis… Elle veut à tout prix que je réussisse, elle est déçue. Elle ne supporte pas l'idée que nous en arrivions là. Je suis inscrit en animation depuis trois ans, ce n'est pas le moment de baisser les bras !

Elle tente de me rassurer, elle me répète encore une fois qu'elle va s'entretenir avec les enseignants, avec ma titulaire en particulier. Mais c'est trop tard, je baisse les bras, je capitule.

— Ta décision est prise, Jonathan ?

La directrice et les éducateurs réunis autour de moi ont senti ma détermination. À l'énoncé de cette décision forte, ils me prennent enfin au sérieux. Ils parlent d'une seule voix :

— Nous souhaitons tellement que tu trouves une école qui te convienne !

— Courage, Jonathan. Fais confiance aux médecins et dis-toi qu'ils trouveront un jour le médicament qui te soignera.

Une de mes éducatrices préférées a le dernier mot :

— Passe de temps à autre nous donner de tes nouvelles…

Je me dirige vers ma mobylette. Je leur tourne le dos et m'éloigne des neuf ans passés dans l'enseignement secondaire.

Épilogue.

Aujourd'hui, je lis encore énormément au sujet de ma maladie. Je vis encore beaucoup d'insultes et de critiques envers mes états de somnolences. Je peux accepter que peu de personnes comprennent des problèmes pareils. Il y a peu, j'ai reçu une lettre de refus, suite à ma demande pour être reconnu handicapé.

Je prends quotidiennement le train, une heure de trajet matin et soir, pour suivre une formation dans un établissement dont le personnel critique moins mes somnolences.

Je devrais peut-être compléter ce récit en citant les dix mois de dépression, après mes études secondaires, les deux paralysies quotidiennes qui durent au moins quarante-cinq minutes, ma chute à cause de l'une d'elle qui m'a valu une mâchoire luxée, une lèvre perforée et une tempe gonflée...

La narcolepsie est une maladie évolutive, c'est à dire qu'elle s'aggravera jusqu'à environ l'âge de 45 ans. J'en ai 21... Parfois, je regrette qu'elle ne soit pas mortelle.

Dernièrement, je suis allé chez le neurologue. Il a posé un diagnostic sur base des derniers tests. Je souffre de paralysies du sommeil depuis des années, mais également de cataplexies, symptômes plus graves et plus rares de la narcolepsie.

Ce livre est dédié à tous ces adolescents narcoleptiques qui, aujourd'hui encore, sont expulsés des cours à cause de leurs endormissements. Je pleure à chaque fois qu'on me parle du vécu d'une amie qui a la même maladie. En classe, on l'a changée de place. Alors que la seule personne qui la réveillait se trouvait justement à côté d'elle. Maintenant, elle récolte des zéros à presque tous ses tests. Seuls ses nom et prénom sont notés sur sa feuille. Quand elle s'endort, elle se fait jeter...

De nombreux narcoleptiques n'arrivent pas à tenir tête à la société aussi longtemps que moi. Certains ne trouvent pas d'emploi, d'autres se suicident car, hélas ! encore maintenant, les gens ne croient pas en notre lutte constante pour essayer de vivre à la façon dont la société nous oblige à vivre.

Peut-être, après la lecture de mon témoignage, certaines personnes comprendront-elles enfin la gravité de la situation. J'espère en tout cas avoir réussi à vous placer un court instant à notre place. Car, lorsque vous dormez la nuit, lorsque vous rêvez, le narcoleptique, lui, est peut-être paralysé à son insu dans son lit. Lorsque vous êtes au cours ou au travail, le narcoleptique, lui, lutte afin de paraître normal aux yeux de tous.

Le manque d'humanité envers cette maladie est ironiquement d'une généralité peu commune. Pourtant, que celui qui n'a jamais somnolé à son travail, nous jette la première pierre...

Tables des Matières

Association Belge de Narcolepsie :
info@narcolepsie-cataplexie.be
www.narcolepsie-cataplexie.be

L'ABN (Association Belge de Narcolepsie) est une asbl créée en 1997 dans le but de faire connaître cette maladie de la vigilance et du sommeil, particulièrement handicapante. Notre objectif principal est de réunir les personnes atteintes de narcolepsie et leurs proches et, de manière générale, améliorer leur bien être et leur qualité de vie.

Association française de Narcolepsie Cataplexie et d'Hypersomnies rares :
www.anc-narcolepsie.com

L'Association française de Narcolepsie Cataplexie et Hypersomnies Rares a été créée en 1986 (association loi 1901) à l'Unité de Sommeil de Montpellier pour faire connaître une maladie de la vigilance et du sommeil particulièrement handicapante. (Les symptômes en étaient connus depuis la fin du XIXème siècle sous le nom de Syndrome de Gélineau).

L'ANC poursuit des objectifs analogues à ceux d'autres associations étrangères du même type :

- INFORMER sur tous les aspects de la narcolepsie cataplexie et des hypersomnies rares ;
- AIDER dans l'aménagement de leurs conditions de vie sociale les personnes qui en sont atteintes ;
- FAVORISER la recherche des causes et des thérapeutiques de la maladie.

Cover design by : Charles Bérard, Charles@feelinkstudio.be, 2011

Printed in Germany
by Amazon Distribution
GmbH, Leipzig